U0736933

指向核心素养的
小学数学深度教学

（案例式教学指南）

张桂芝　耿　晨　著

合肥工业大学出版社

图书在版编目(CIP)数据

指向核心素养的小学数学深度教学:案例式教学指南/张桂芝,耿晨著.
—合肥:合肥工业大学出版社,2023.10

ISBN 978 - 7 - 5650 - 6482 - 1

Ⅰ.①指…　Ⅱ.①张…　②耿…　Ⅲ.①小学数学课—教案(教育)
Ⅳ.①G623.502

中国国家版本馆 CIP 数据核字(2023)第 203584 号

指向核心素养的小学数学深度教学(案例式教学指南)

ZHIXIANG HEXIN SUYANG DE XIAOXUE SHUXUE SHENDU JIAOXUE(ANLISHI JIAOXUE ZHINAN)

张桂芝　耿　晨　著　　　　　　　　　责任编辑　汪　钵

出　版	合肥工业大学出版社	版　次	2023 年 10 月第 1 版
地　址	合肥市屯溪路 193 号	印　次	2023 年 10 月第 1 次印刷
邮　编	230009	开　本	710 毫米×1010 毫米　1/16
电　话	理工图书出版中心：0551 - 62903004	印　张	15.75
	营销与储运管理中心：0551 - 62903198	字　数	258 千字
网　址	press.hfut.edu.cn	印　刷	安徽联众印刷有限公司
E-mail	hfutpress@163.com	发　行	全国新华书店

ISBN 978 - 7 - 5650 - 6482 - 1　　　　　　　　　　　定价：45.00 元

如果有影响阅读的印装质量问题,请与出版社营销与储运管理中心联系调换。

序

——发掘"化错教育"的"深学"意义与"涵养"价值

合肥市瑶海区小学数学教师同仁合力完成《指向核心素养的小学数学深度教学（案例式教学指南）》一书，嘱我作序。尽管诸事缠身，难以抽出大量时间读稿、思考和写作，但我没有任何犹豫即应承下来。原因无非有三：其一，这本书指向当前小学数学教学的两个"关键命门"，即核心素养与深度教学，就此，学界已有一些研究成果，但实践领域群体性、集束式的成果还不太多。这本书的选题好，自有可观、可学和可"玩"之处，我也利用这个机会给自己补补课。其二，它所呈现出来的既有一线教师作为"理性自觉的实践家"的理论探索，更有大量紧紧围绕选题而开发的优秀而鲜活的课例（案例），每一个课例都蕴含着丰富的、"犀杂"着理性智慧的实践经验，一线小数教育工作者可以很便捷地借用，并顺着文字所勾勒和拓展的路径向着理性较深处漫溯。其三，作为行走在小数教学实践领域的一名"长者"，我也愿意为更多年轻同仁鼓与呼，也许我不免嘶哑的呼喊声还能起到一点鼓舞士气、提振信心的作用。

所谓"序"，可以有多种写法。大家都知道，我的教学主张是"化错教育"，三句话不离本行，我愿意借此机会和大家叙一叙、聊一聊"发掘'化错教育'的'深学'意义与'涵养'（即涵育核心素养）价值"这个话题。

没有差错（或波普尔所说的"试错"），就没有数学（学科的建立）；没有差错，就没有真正的数学学习；同样，没有化错，就没有深度教学（学习），就没有核心素养的落地生根和有效生成。小学数学教师同仁自然可以不知道我和"化错教育"主张，却不能不知晓，优质的教与学离不开学生必须遭遇的各种各样的差错，没有差错就没有深度教学（学习），没有差错，（学生）就难以进入知识的核心领域，难以涵育数学核心素养等一些教学道理或教学哲理。这里所谓"知晓"，其实也包括践行，正如王阳明所说的那样，知而不行只是未知。我"自信"三十多年来不断探索与创新的"化错教育"是奔着深度教学（学习）而来的，也是奔着学生数学核心素养的涵育和积淀而去的。陶行知先生说，"为一大事来，做一大事去"，实现深度教学（学习），达成核心素养，是"化错教育"所指向和走向的目标，是"化错教育"一直在努力经营的"大事"，自然也是我个人职业和专业的"大事"。

发掘"化错教育"的"深学"意义与"涵养"价值。就此，我想说三个方面。

第一，绠短不能汲深，"更长"才能"给养"。教学过程一定要留出时空，让学生"来得及犯错""来得及化错"。

"绠短汲深"是一个成语，出自《庄子·至乐》："褚小者不可以怀大，绠短者不可以汲深。""绠短"常比喻人的学养短浅，如此之人难当大任。"更"读第一声，意思是"经历"，有成语"少不更事"；"更长"指有较长时间、较为完整的学习经历；此处"给（读 gěi）养"不同于人们常说的这两个字之意，指的是提供、赋予或形成、积淀一定的核心素养。这两句其实都是说，没有足够长度和较为丰富的经历，深度学习则无以展开，核心素养则无以涵育。

从某种意义上说，"化错教育"就是给学生较长、较全的学习经历的教学。教学本身是学生成长的一段历程，压缩了它的长度，"褫夺"了它应有的完整性，那就是对教学本身的"异化"，或者说，就不是"真正的"教学了。也是在这个意义上，"化错教育"就是对教学本真的一种回归，它不是我另立新标之举，而是返璞归真之行。"化错教育"的一个不言自明的前提是，教学过程中得有差错学习或学习差错的发生。若无错，则何错可化，何化之有？而当下不少课堂，包括或者说尤其是那些看似精彩、漂亮的课堂，满足于师问生答的短兵相接，陶然于"行云流水"的无缝转承，学生如置山阴道上，目不暇接；似在过山车里，眼花缭乱。此时，连"犯错"的时空都没有，更遑论接下来的"化错"过程。"来不及犯错"自然无错可化，也无所谓来得及或来不及化错，要让这样的教学或学习历程不是浮教浅学，都不可能。浮教浅学就像是梨子放在眼前，却不去尝一尝，或者只是舔一舔、咬一咬它的表皮，又焉能深度感受它甜津津的滋味，领受它对人的味觉乃至身体的滋润之效。即是说，沉潜于知识表层之内里、有一定深度的东西（其中自然有核心素养的成分）将无法进入学生的心智结构之中，也成为他们的一种学科滋养。

如此看来，在较为宽裕的时空里，让学生"来得及犯错"，是深度教学以及涵育核心素养的一个不可或缺的、必要的前奏；或者说，其后所发生的真正优质的教与学都是它的有机的"续曲"。

第二，适当"诱误"，由此"导正"，用有价值的、值得犯的错误引发、启动学生深度学习，以及核心素养的"潜滋暗长"。

学生学习过程中的差错有的是自然而然发生的，它们自有"拨误反正"的可利用价值；而有时，教师还可或还要"诱导"他们去"犯错"。我的家乡南通市有一位全国著名初中数学特级教师——李庾南，她创立了"自学·议论·引导"教学法，引导有七法，其中之一是"诱误性引导"。

这样的"引导"有类于为学生学习"挖坑""设坎"。这使我想起经典著作《塔木德》："无论提问与讲解，老师都应在学生面前设置'陷阱'，以使他们的头脑更加敏锐。"华中师范大学郭元祥教授则称之为"U形学习"。"U形学习"是郭教授对杜威经验教学过程理论的概括："杜威认为，书本知识具有不可教性，不能直接进行传授，而需要让学习者经历一个复杂的过程，即知识的学习需要经过还原与下沉、经验与探究、反思与上浮的过程。这一过程恰似一个'U'形的过程。"这两者不直接关联或指向于"诱误性引导"，但"诱误"之举却一定要"在学生面前设置'陷阱'"，也一定表现出一个"U"形的学习与经历过程。很有意思的是，无论"陷阱"式还是"U"形教学，都不是"打水漂"的，都有完整的经历，有曲折的过程，有知识或认知的深度，有由误走正的轨迹。在这样的教学或学习中，学生能遭遇更多种情形，"有比较才有鉴别"；面对更多的变数，能在多变中悟到和发现不变的规律，即瑞典著名教育学者马飞龙"变易理论"所说的"关键属性"；能在化错中实现相对较具深度的理会（理解），在体尝中获得一定的学习智慧——我称之为"从'误·会'到'悟·慧'"。于是，深度学习有了，学习深度产生了；指向于核心知识和关键能力等的素养也得以不断沉淀下来。毫无疑问，这比教师无法"抵抗住自己告诉学生秘密的冲动"的"直白式教学"（郭元祥称之为"'一'字型教学"）所能产生的效能要强、大和深得多；而其中所引发的学生之"会"与"慧"，本身即是学科核心素养的显著表征。

第三，"磕磕碰碰"有助或有利于深度理解，在这样的过程中，核心素养之"核"或将被学生"磕破"、打开。

我的朋友、原南通启东市教师发展中心小学数学教研员蔡宏圣在《携手了，便未曾放开——探寻"数学史"的教育意义》一文中说："一个知识产生、完善过程中的磕磕碰碰，虽然对于知识本身来说没有意义，但对于学习者来说，却是一条产生深度理解的路径。""磕碰式学习"必然有抑或必然是"化错养正"的过程，这个过程中应该有"撞了南墙而回头"等一类经历和体验。"南墙"不可撞破，那可以改道去向"东墙""西墙"或"北墙"，还可以在"南墙"之上架设一道梯子，逾越而过，此时，"吃一堑，长一智""别人吃一堑，我来长一智""一人吃一堑，大家长一智""众人吃一堑，群体长一智"……其实又何止于"一智"呢？可以是"多智"乃至"无数智"，我和团队确实无数次在课堂中"遇见"学生的学习智慧经过多道阻碍、多重遏制而后裂变式、管涌般爆发和涌现，犹如水蓄于闸而后开闸放水所能见到的急湍似箭、猛浪若奔的景象。

中国人的语言智慧真的了不得。"核心"可以"曲解"为"心藏于核中而形成的整体"。"核"是果实最坚实的部分，较难"解构"，也因而才保护了中间能产生无限生命力的"（核）仁"，而核心素养应该就是这样的"（核）仁"，要抵达或获致它，必然有一个"破核"的过程，这一过程注定不是轻抹慢捻、轻揉慢捏的动作，而要下"磕磕"之力，施"碰碰"之功，力足了，功够了，"核"就打开了，"心"就显现了……这不是一条经由深度学习而获致核心素养的通道吗？

我常说："错着错着错着就对了。"现在想，还可以再有若干话语接着说下去："误着误着误着就会了（悟着悟着悟着就慧了），化着化着化着就深了，磕着磕着磕着就开了，探着探着探着就新了……"我还想"一言以蔽"以上一些想法："无错难深，以错致养。"相信"化错教育"是引发和走向深度学习、涵育核心素养的必由之径、康庄大道。

每一个人都有自己的认知之"蔽"，我也是，就"指向核心素养的小学数学深度教学"问题，或者说就这本书，我可说、要说、能说的话还有更多，但最终似乎又难以走脱"化错"之语境。有两点我相信：其一，读者同样可以有自己的体察维度、言说情境，唯有多维度、多情境（多语境）的思想与表达，才能使"核心素养""深度教学"等热点、焦点也是很多教师痒点、痛点或盲点的问题得以"祛蔽"、得以敞亮；其二，不管怎样的维度和情境（语境），最终都会紧密而深度地关乎"化错"这一关节点，它一定是而不是可能是"指向核心素养的小学数学深度教学"的一个"肯綮"之所在，我们的实践、研究与表达都要努力切中它！

向合肥市瑶海区小学数学教师同仁致敬！让我们一起奋力摇动探索与研究之楫，驶向小学数学教学奥秘之海！

北京第二实验小学　华应龙

2023 年 9 月

目　　录

上　篇　深度教学综述

下　篇　指向核心素养的深度教学典型案例

上 篇

深度教学综述

第1章　小学数学深度教学概述

1.1　研究背景

1.1.1　我国基础教育改革与发展背景

我国基础教育改革肇始于 20 世纪 70 年代末的改革开放，该进程伴随全球化的脚步持续演进，致力于提升教育质量和效率。就改革进展与内容而言，我国基础教育改革大致可划分为三个阶段，分别是教育体制改革阶段、课程改革阶段和教学模式改革阶段，展现了我国基础教育发展的阶段性成就，也为我国基础教育的未来发展奠定了坚实的基础。

第一阶段，教育体制改革阶段。改革开放之初，我国开始以世界教育发展趋势为导向，以改革为动力，逐步架构现代化的教育系统，实现国民教育的全面升级。在 1985 年颁布的《中共中央关于教育体制改革的决定》中，清晰、明确地强调了教育体制改革的目的和意义："教育体制改革的根本目的是提高民族素质，多出人才、出好人才。要解决人才问题，就必须使教育事业在经济发展的基础上有一个大的发展。教育必须为社会主义建设服务，社会主义建设必须依靠教育。"这次教育体制改革的推进，标志着我国基础教育开始向现代化的方向迈进。

第二阶段，课程改革阶段。在 1999 年，我国就已经开始了基础教育课程改革试点工作，引发了社会的广泛关注。2001 年，在党中央和国务院的领导下，教育部正式启动了新一轮基础教育课程改革，并颁发了一系列具有里程碑意义的政策文件，其中《基础教育课程改革纲要（试行）》影响尤为深远，标志着我国基础教育改革已经进入了新的发展阶段。在这个新的阶段，课程标准的实施主张"以学生为主体，以活动为核心"的新式教学理念。这一理念的提出，使得教育教学过程更加注重学生的主体性和实践性，使得课程改革能够更加符合时代的要求和学生的发展需求，对于学生的个性化发展具有积极的促进作用。

第三阶段，教学模式改革阶段。这一阶段，新课程改革带动了教学模式的变革，以"教师中心"为主导的传统教学模式正逐渐向"学生中心"的教学模式转变，探究式学习、项目式学习、合作式学习等新颖而富有创新精神的教学方式在教育教学实践中得到了广泛使用和深入推广。2019 年中共中央、国务院印发的《中共中央　国务院关于深化教育教学改革全面提高义务教育质量的意见》明确要求把"优化教学方式"作为强化课堂主阵地作用、切实提高教学质量的主要内容。超越表层的知识符号学习，导向深度学习的深度教学，正是优化小学教学方式的重要策略，是这一阶段的教学模式改革的典型代表。

1.1.2　落实学生核心素养发展的背景

2014 年教育部印发的《教育部关于全面深化课程改革落实立德树人根本任务的意见》明确指出把研究制订学生发展核心素养体系和学业质量标准作为落实立德树人根本任务的一项重要举措。学生发展核心素养主要指学生应具备的，能够适应终身发展和社会发展需要的必备品格和关键能力。学生发展核心素养以培养"全面发展的人"为核心，综合表现为人文底蕴、科学精神、学会学习、健康生活、责任担当、实践创新等六大素养，凸显的是以学生为主体、全面育人的教育理念。

在全球化浪潮下，我国学生面临着更多元化、复杂化的学习需求和挑战，教育需要从狭隘的应试教育转向培养学生综合能力、创新精神和公民素养的发展型教育。中国学生发展核心素养的发布，正是源于对未来教育发展的深度思考和全球教育改革趋势的深度把握，宏观上为我国教育改革提供了明确方向，微观上给教师提供了教育教学指导。一个显著的变化是，教师必须重新审视自己的课堂教学，设计指向核心素养发展的教学活动和教学评价，使教学更具针对性和实效性。

2022 年教育部颁布了《义务教育数学课程标准（2022 年版）》（以下称

"2022 年版课程标准"），该标准对义务教育数学课程的课程性质、课程理念、课程目标、课程内容、学业质量和课程实施进行了明确和规定，为数学教学提供了指导方向，对提高教育教学质量、培养具有现代公民素养的学生具有非常重要的指导意义。

2022 年版课程标准在课程目标方面强调以学生全面发展为本，注重培养学生的数学素养，发展学生的基础知识、基本技能、基本思想和基本活动经验，形成正确的情感、态度和价值观。数学课程要培养学生的核心素养，包括会用数学的眼光观察现实世界，会用数学的思维思考现实世界，会用数学的语言表达现实世界三个方面。在小学阶段，主要表现在数感、量感、符号意识、运算能力、几何直观、空间观念、推理意识、数据意识、模型意识、应用意识和创新意识等方面。在课程理念方面，2022 年版课程标准倡导以学生为中心，尊重学生的个性差异，鼓励学生主动参与探究、合作和交流。在教学设计和评价方式上，注重引导学生主动参与，注重个体差异，注重过程，强调素养目标。从课程内容来看，2022 年版课程标准注重建立具体内容与核心素养主要表现的关联，注重数学知识与方法的层次性和多样性，着力把握数学学科的本质与特征，强调概念理解和知识间结构化关联，重视数学思维和方法的培养，满足学生发展的需要。

深度教学在落实学生核心素养的发展上具有重要意义：一是增强思维能力。深度教学能帮助学生理解和掌握数学中的基本概念、原理和方法，发展逻辑思维和抽象思维能力，由表面的应用扩展到深层的理解和创新。二是培养终身学习的能力。学生在深度学习中，发现、提出、分析和解决问题，积累独立学习和解决问题的经验和方法，这对于学生终身学习能力的形成至关重要。三是强化应用能力。深度教学下，教师鼓励学生通过实践和探索来掌握数学知识和技能，能使他们可以随时利用数学知识并运用解决问题的策略来分析并处理现实生活中的问题。四是培养道德素养。深度教学注重学习过程中的合作和交流，为学生提供了理解和尊重他人观点，以及公正和公平处理问题的机会，从而培养他们的道德素养。五是促进文化素养。数学是人类文明的重要组成部分，我国数学在人类数学史和文明史上绽放着璀璨的光芒，深度教学倡导学生能够了解并尊重数学知识的文化内涵和历史演变，对于增强学生的文化自觉和文化自信有着促进作用。

综上所述，我国基础教育教学改革已进入一个新时期，落实学生发展核心素养的要求是重中之重。在此背景下，研究以核心素养为导向的小学数学深度教学显得尤为重要。

1.2　研究内容

1.2.1　小学数学深度教学的内涵

深度教学是一种引导学生深度思考和深度学习的教学模式。在小学数学教学中，深度教学旨在培养学生的数学思维能力、问题解决能力和创新能力，强调学生对数学概念和方法的深度理解和思考，注重发掘数学的本质和规律，培养学生学习数学的兴趣。小学数学深度教学的内涵体现在以下几个方面。

小学数学深度教学注重培养学生的数学思维能力。数学思维是指用数学思考问题和解决问题的思维活动形式。在小学阶段，数学思维主要表现为运算能力、推理意识。小学数学深度教学通过启发式教学、问题解决教学等方法，引导学生运用逻辑思维、推理思维、创造思维等多种思维方式来解决问题。

小学数学深度教学注重培养学生对数学概念和方法的深度理解。深度理解不仅仅是对数学概念、原理和方法的识记，更重要的是理解它们呈现的规律、本质、关联以及如何在实际问题中运用这些知识。在传统的数学教学中，学生往往只注重记忆和运用公式、算法，对数学的本质和规律缺乏深入的理解，而小学数学深度教学通过具体、生动的教学活动引导学生深入思考数学概念和方法的意义和应用，使他们能够真正理解数学的本质和规律，而不仅仅是机械地运用。

小学数学深度教学注重培养学生的数学问题解决能力。数学问题解决是数学学习的核心内容之一，也是培养学生创新思维和实践能力的重要途径。小学数学深度教学通过提供富有挑战性的问题，引导学生进行探究和发现，培养学生解决问题的能力。同时，教师可以引导学生学会合作学习，促进学生之间的思想碰撞和互助合作，培养学生的团队合作能力和社会交往能力。

小学数学深度教学注重学生数学学习兴趣和情感体验的培养。数学学习不仅仅是知识和技能的积累，更是对数学的热爱和兴趣的培养。小学数学深度教学通过多样化的教学活动和资源，激发学生对数学的兴趣，提升他们参与学习的积极性和主动性。同时，教师可以通过丰富多彩的评价方式及时给予学生肯定和鼓励，增强学生学习数学的自信心和成就感。

1.2.2　小学数学深度教学的特征

小学数学深度教学的特征是指在小学阶段进行数学深度教学时所表现出的特征，它是基于小学生的认知水平和学习需求而设计的教学模式，包括教学的目标、理念以及对学生、教师、教学内容、教学过程和评估方式的要求。

小学数学深度教学不仅仅关注数学知识的掌握，更注重数学知识的理解、运用、创新和情感态度等方面的学习目标。首先，知识理解是最基本的目标，要求学生能深入理解并掌握教学内容。其次，除了知识理解，技能的掌握也是深度学习目标的重要部分，这部分目标重在让学生掌握一系列解决问题的基本技能，比如运算技能、解决问题的策略等。再次，深度学习特别注重培养学生的创新能力，这包括批判思维能力、创新思维能力和独立学习能力等。最后，情感态度的培养也是深度学习目标中的一个重要部分，这指的是培养学生对学习的兴趣，内化良好的学习态度，形成持久的自主学习习惯。这些目标都是深度教学设计和教学评估的依据，也是教学目标达成的重要指标。

以学生为主体的教学设计和教学方式是小学数学深度教学的又一大特征，开放性教学、合作性学习、探究性学习等教学方式在深度教学中占据重要地位。深度教学将被动接受知识的学生转变为主动参与和探索的学习者，这需要教师在教学过程中做出相应的改变。首先，教学内容的选择需要将基本的数学知识与现实生活或跨学科的情境结合，让学生可以在"做中学"，从而对知识产生深度理解。其次，教学方法也需要创新，采用发现式、探究式等以学生为中心的教学方法，不再是单纯地传授知识。最后，教师的角色也发生了变化，由传统的"教者"转变为"引导者"和"协助者"，教师的主要任务不再是传授大量信息，而是指导和帮助学生主动学习，并提供必要的帮助和资源。

在小学数学深度教学中，评价方式发生了明显的变化，不再仅仅依赖于标准化的考试或者测试，而是采用了更多元化的方式，过程性评价和综合性评价尤其重要。过程性评价注重对学生学习过程的评价，教师通过观察和记录学生在学习过程中的表现，如学生在课堂上的提问、讨论和操作表现，学生的作业、实验报告及小组活动的结果等，以此客观、全面地评价学生的学习状况。此外，自我评价和同伴评价是重要的组成部分，学生在自我评价中可以反思自己的学习过程和成果，提升自我认知和元认知能力，而同伴评价可以培养学生的批判性思维和合作能力，也能让学生从别人的角度看自己，提升自我修正的能力。综合性的评价主要是通过多种方式和多个角度评价学生在学习过程中"四基"和"四能"的发展，一种典型的方式是项目评价，教师通过考查学生完成实际项目的过程和结果，综合评价学生的能力。这些评价方式有利于调动学生学习的积极性，提升学习的主动性，培养学生全面的能力。同时，有助于教师实时监控学生的学习情况，反馈学生的学习状态，并调整教学策略。

小学数学深度教学也需要与教师的专业素养和教学方法相结合，形成有机的教学体系，以达到更好的教学效果。

小学数学深度教学注重启发式教学。启发式教学是指通过提出具有启发性的问题、设计有趣的学习活动和情境，激发学生的思考和探索兴趣，培养他们的独立思考能力和解决问题的能力。在小学数学深度教学中，教师通常会设置情境、提供素材，让学生自主思考、独立探索，从而达到深入理解数学概念和方法的目的。

小学数学深度教学注重问题解决教学。问题解决教学是指在教学中提出富有挑战性的问题，并引导学生主动思考、探索和解决问题。在小学数学深度教学中，教师会引导学生从实际问题出发，通过观察、分析、归纳等方式，培养学生的问题解决能力和创新思维。同时，教师会鼓励学生进行多种解题方法和思路的比较，并提供相应的指导和反馈。

小学数学深度教学注重综合性学习。综合性学习是指将数学与其他学科内容进行融合，促进学科之间的联系和综合运用。在小学数学深度教学中，教师会通过跨学科的教学设计，将数学与科学、语文、艺术等学科联系起来，让学生在解决问题的过程中不仅能运用数学知识和方法，还能发展其他学科的能力和素养。

小学数学深度教学注重个性化学习。个性化学习是指根据学生的个体差异和学习需求量身定制相应的教学策略和学习活动。在小学数学深度教学中，教师会根据学生的认知水平和学习能力，采用不同的教学方法和评价方式，让每个学生都能在适应自己的学习节奏和方式下，达到最佳的学习效果。

1.2.3　小学数学深度教学的依据

小学数学深度教学的依据是基于对小学生认知发展规律和学习特点的深入研究，以及对现代数学教育理念的认识和应用。

首先，小学数学深度教学的依据是对小学生认知发展规律的研究。

瑞士心理学家让·皮亚杰在 20 世纪 50 年代提出构造主义理论是一种儿童认知发展理论。构造主义理论认为知识不是被动接受的，而是由学习者通过与环境的互动，基于他们现有的知识和经验去主动构建的。因此，在教学过程中，教师应该创建一个允许学生积极参与并主动探索的环境，而不仅仅是传授信息。20 世纪 60 年代，科学教育改革中被提出和使用的探究式学习理论强调通过问题、研究或者挑战驱动学习的方式让学生主动参与学习过程，鼓励学生通过实证方法来观察、研究和解决问题，提升了学生的批判性思维和解决问题的能力。

根据认知发展理论，小学生的思维能力处于操作阶段，他们更善于通过具体的操作和实践来理解抽象的数学概念和方法。因此，在小学数学深度教学中，教师应该注重提供具体的实例和情境，通过操作和实践活动来帮助学生建立数学概念的意义和联系，从而促进学生深入理解和运用能力的培养。

其次，小学数学深度教学的依据是现代数学教育理念的认识和应用。

深度教学的研究立足于深度学习理论的研究和发展。1976 年，弗伦斯·马顿和罗杰·萨尔乔基于布鲁姆认知维度层次划分理论，联名发表了《学习的本质区别：过程和结果》，首次提出深度学习的概念以及深度学习和浅层学习的不同之处。随后，深度学习的研究进入高速发展时期。21 世纪信息技术的高速发展使深度学习开始转向研究信息技术下的深度学习，并逐渐关注教学过程中深度学习与深度教学的辩证关系。2010 年，由美国威廉和弗洛拉·休利特基金会和美国研究院合作开展的 SDL 项目，理论上对深度学习的概念、内涵进行了界定和解读，实践上在美国的不同地区分别建立了深度学习实验学校，形成了深度学习共同体网络。SDL 项目从教学目标、课程开发、课堂教学和教学评价等四个方面重新设计教学的理念及研究。

较之国外，我国关于深度教学的研究起步较晚。但近年来，关于深度学习的相关文献和研究正处于逐年上升的趋势。大体包含三个方面：一是着眼于课堂教学环境的深度教学研究；二是着眼于学生素养发展的深度教学研究；

三是着眼于课堂教学活动的深度教学研究。在成果方面，华中师范大学郭元祥教授在对新课程三维目标实施困境的梳理和理解基础上首次正式提出深度教学的概念。2016 年 9 月，四川师范大学李松林教授在《回归课堂原点的深度教学》中对深度教学的本质内涵进行界定。近年来，郭元祥教授主编的《深度教学：促进学生素养发育的教学变革》更是从理论和实践的角度对深度教学展开的系统性研究。

现代数学教育强调培养学生的数学思维能力和问题解决能力，鼓励学生发展创新意识和实践能力。在小学数学深度教学中，教师不仅要注重传授数学知识和技能，还要注重培养学生的数学思维方式和解决问题的能力。教师可以通过启发式教学、问题解决教学、综合性学习等教学方法，引导学生主动思考和探索，培养他们的独立思考和创新能力。

此外，小学数学深度教学的实施还必须基于对国家课程标准和教材的充分理解和应用。国家课程标准和教材是小学数学教学的权威指导文件，其中明确了小学数学教学的目标、内容及教学要求。在开展数学深度教学工作时，教师应深入理解课程标准及教材中的各项要求，同时结合学生的实际情况和学习需求，策划并执行相应的教学方案和活动。另外，教师需要针对学生的学习进度和能力进行差异化教学，为每个学生提供个性化的学习支持与引导。

1.3　研究意义

1.3.1　数学学科本质的要求

2022 年版课程标准指出："数学是研究数量关系和空间形式的科学。数学源于对现实世界的抽象，通过对数量和数量关系、图形和图形关系的抽象，得到数学的研究对象及其关系；基于抽象结构，通过对研究对象的符号运算、形式推理、模型构建等，形成数学的结论和方法，帮助人们认识、理解和表达现实世界的本质、关系和规律。"数学学科的本质决定了数学不仅仅是简单记忆和基本应用，它涉及抽象思考、逻辑推理以及问题解决等多种数学能力和数学素养的发展。深度教学更好地满足数学学科本质的要求，帮助学生构建严谨、系统的数学知识体系，培养和提高学生的数学思维能力。

深度教学能够有效地促进学生对数学知识的理解。所谓知识理解，是指学生对数学概念、原理及公式的理解与掌握程度。在传统的教学模式中，学生往往仅停留在知识的表面，难以实现对数学知识的深度理解和应用。深度教学强调利用系统的知识结构来帮助学生深化对数学本质的理解，特别注重引导学生从感性认识逐步转向抽象认识。通过一系列丰富的学习材料处理及活动参与，学生可以掌握数学的基础知识、基本技能、基本思想及基本活动经验，从而激发他们的学习兴趣，帮助他们建立起数学知识的概念框架及认知体系。

深度教学能够有效地提升学生的抽象思维和逻辑推理能力。数学是一种基于抽象和逻辑的语言，而在传统的教学模式中，学生往往只注重对知识点的机械式记忆，缺乏对数学知识的灵活运用以及批判性思考的能力。深度教学倡导学生将实际问题转化为数学模型，并运用数学方法进行推理和论证，这种方式可以促进学生抽象思维和逻辑推理能力的发展。

深度教学能够有效地培养学生的问题解决能力。问题解决在数学教学中占据着核心地位，而在传统的教学方法中，学生往往更加关注问题的结果，倾向于机械地运用规则和公式来处理问题。深度教学倡导以问题为中心的教学方式，鼓励学生运用数学知识与方法来发现问题、提出问题、分析问题和解决问题。这种教学模式有助于将数学知识转化为解决实际问题的工具，从而有效提升学生的问题解决能力。

1.3.2　核心素养发展的需求

2022 年版课程标准指出，数学课程要培养的学生核心素养，主要包括以下三个方面：会用数学的眼光观察现实世界，会用数学的思维思考现实世界，会用数学的语言表达现实世界。在义务教育阶段，数学眼光主要表现为抽象能力（包括数感、量感、符号意识）、几何直观、空间观念与创新意识；数学思维主要表现为运算能力、推理意识或推理能力；数学语言主要表现为数据意识或数据观念、模型意识或模型观念、应用意识。

首先，深度教学能够有效地培养学生的数学思维和解决问题的能力。通过深度挖掘数学概念的内涵和数学问题的本质，学生不仅能够掌握数学的基本知识和技能，更能够培养他们的数学思维能力，如观察、分析、推理和解决问题的能力。这将有助于学生形成扎实的数学基础，提高他们的数学思维水平，获得积极的情感体验，能够更好地应对未来学习和生活中的各种挑战。

其次，深度教学能够有效地激发学生的学习热情和主动性。在传统的数学教学中，教师往往占据主导地位，更多地关注于知识的传授和运用，而学生往往处于相对被动的角色。而深度教学则更加注重学生的主动参与和合作探究，它强调培养学生的兴趣和动力，引导学生深入思考和探索数学问题的本质，激发学生的好奇心和求知欲，从而使学生对数学产生浓厚的兴趣，主动地学习和探索数学知识。深度教学能够促进学生的自主学习和独立思考能力的发展，进而提高学生的数学素养。

最后，深度教学能够有效地培养学生的数学应用意识和实践能力。传统的数学教学往往更关注于数学知识的传授和应用，学生难以将所学的数学知识与实际生活相互联系，因此导致他们缺乏对数学知识的应用意识和实践能力。而深度教学更加注重将数学知识与实际生活相互结合，通过解决实际问题来应用所学的数学知识。这种方式有助于学生理解数学的实际意义和应用价值，进而培养他们的数学应用意识和实践能力，使其能够有效地将所学的数学知识应用到实际生活中以解决各类问题。

1.3.3　教师专业发展的需求

2022 年版课程标准在课程实施的教学建议中明确提出制订以核心素养为导向的教学目标、整体把握教学内容、选择能引发学生思考的教学方式、进一步加强综合与实践、注重信息技术与数学教学的有机融合等五个方面的具体要求。这些要求对教师的专业能力和素养提出了更高的标准，需要教师不断进行深度教学研究和实践，以更好地实现这些目标。

首先，深度教学的实施能够提升教师的学科专业素养。深度教学强调对数学概念内在含义的挖掘以及对问题的深入理解，因此，它对教师的数学知识储备和教学能力提出了更高的要求。为有效引导学生走向深度学习，发展核心素养，教师需要不断深化对数学知识的学习和研究，进而提升自身的学科素养与专业水平。通过实施深度教学，教师得以不断拓宽自身的学科视野，深化对学科的认识，并提高教学能力。

其次，深度教学的实施能够提升教师的教学能力和教育教学研究能力。深度教学要求教师能够熟练掌握各种教学策略和方法，并能够根据学生的特性和需求进行个性化的教学，引导学生进行深入思考和探索。为满足深度教学的要求，教师需要持续提升自身的教学技能，积极研究和探索教育教学理论和方法。通过深度教学的实施，教师能够逐步提高自身的教学水平，并增强教育教学研究能力，从而更为从容地应对教育改革所带来的挑战。

再次，深度教学的实施能够提高教师的专业发展意识和能力。传统的数学教学往往注重知识的传授和应用，教师的角色相对被动。而深度教学则要求教师成为学生学习的引导者和学习的组织者，需要教师具有较高的教育教学素养和专业发展意识。通过实施深度教学，教师能够不断提高自己的专业发展意识，关注教育教学的前沿动态和研究成果，主动参与教育教学改革和研究活动，提高自己的专业发展能力。

最后，深度教学的实施能够有效地提升教师的综合素质和拓宽他们的职业发展空间。深度教学强调培养学生的综合能力和解决问题的能力，这就要求教师具备高水准的综合素质和能力。通过实施深度教学，教师可以持续提升自身素质，包括教育教学能力、组织管理能力以及沟通协调能力等职业发展必需的素质。同时，深度教学也给教师提供了更为广阔的职业发展空间。教师可以通过对深度教学的深入探究和实践，不断拓展并深化自身的教学领域，进一步提升职业发展水平。

综上所述，实施深度教学能够提高教师的学科知识水平，培养教师的教学能力和教育教学研究能力，提高教师的专业发展意识和能力，提升教师的综合素质和职业发展空间，从而为教师的专业发展提供有力的支持。

第 2 章　小学数学深度教学的现状

2.1　小学数学教学现状和存在的问题

2.1.1　教学目标方面

小学数学教学除了传授基本的数学知识和能力外，还需着重培育学生的理性思维和数理逻辑能力，使得人人都能获得良好的数学教育，不同的人在数学上得到不同的发展，逐步形成适应终身发展需要的核心素养。因此，教学目标的确定，必须以学生为中心，以促进核心素养的发展为导向，充分体现数学课程在育人方面的独特价值。

1. 教学目标不明确

教学目标作为教与学的共同航标，指引教师和学生围绕同一愿景开展教学或学习，教师是这一航标的制定者。然而许多教师常常陷入一种模糊的困境，只是笼统地描述希望学生达到的知识和能力水平，而缺乏具体、明确的目标。这种模糊性的教学目标不仅难以衡量，更无法有效地指导教学，使得教学过程变得如同盲人摸象，缺乏针对性和实效性。除了主观上的漠视，导致这一困境的根本原因在于教师对教学内容缺乏深刻的理解，以及对学情缺乏清晰的了解。

2. 教学目标单一化

教学目标单一化是一个普遍存在的问题。很多教师过于注重学生的知识掌握程度，而忽略了学生核心素养的全面发展。

一是忽视了学生的差异性。每个学生都是独特的个体，他们的兴趣、特长和发展方向各不相同。在数学学习上，主要体现为不同素养表现发展的不均衡性。然而，在单一化的教学目标下，所有学生都被要求按照相同的标准去学习和表现，这无疑违背了"不同的人在数学上得到不同的发展"的课程要求。

二是忽略了教学的多元性。教育的目的不仅是传授知识，更是培养学生的综合素质和能力。在数学学习上，主要体现为"四基"（基础知识、基本技能、基本思想和基本活动经验）、"四能"（发现问题、提出问题、分析问题和解决问题的能力）多个方面的全面发展。而在单一化的教学目标下，教学变得片面和机械，缺乏对学生综合素质的培养。如此背景下的数学教学无法培养出全面发展的人，也无法满足社会对多元化人才的需求。

3. 教学目标难以评估

教学评估是构建"教、学、评一致性"逻辑闭环不可或缺的部分，它是反思教学目标适切性，为教学提供调整策略的重要手段。然而，很多教师往往无法有效地评估学生的掌握情况，也无法判断教学目标是否达成，这主要源于没有依据明确、多元的教学目标制定科学的评估策略，而仅仅依赖书本、教辅资料等现成的教学资源布置作业、考试检测。这样的教学不仅无法提高学生的学习效果，也无法为下一阶段的教学提供有效的参考。

2.1.2 教学实施方面

1. 教学手段多样性不足

现阶段，依然有很多教师无法突破传统教学模式的禁锢，他们往往以讲授法为主要手段，这种"一言堂"式的教学方法忽视了学生的主体性和多样性。在这样的课堂中，教师是主角，而学生则扮演着被动的角色，接受着知识的灌输。这种单一的教学方法缺乏互动性、参与性和趣味性，难以激发学生的学习兴趣，难以引导学生深度体验知识的发生发展过程、增强学习的自主性。

2. 教学活动体验性不足

教学活动是学生学习的重要环节，但很多教学活动往往缺乏实际体验性。典型的现象是在低年级的学生课堂上，教师在组织教学活动时，课堂有时候会出现乱糟糟、乱哄哄的情况。这种情况的出现，有时候是低年级学生身心发展特点的外在表现，有时候也是教师对课堂纪律管控和课堂组织能力欠缺的表现。中高年级学生不缺乏活动的目的性，但活动体验的深刻性不够，学生在活动中的个性思考较少，缺乏深度和创新。

3. 问题设计有效性不足

问题是激发学生思考、发展数学思维的重要手段。现代教学理念提倡课堂提问的有效性主要体现在问题的真实性、启发性和开放性等方面。一个好的问题，应该是基于真实情境或现实问题的，能够让学生感受到数学的实用性和趣味性；一个好的问题，应该能够引导学生从不同的角度和层次进行思考，培养他们的创新思维和解决问题的能力；一个好的问题，应该允许学生有多种答案和解题思路，尊重他们的个性和创造性。但在实际教学中，很多教师在设计问题时往往缺乏有效性，主要体现在过于强调解决问题而忽视问题解决，过于注重问题的形式而忽视了问题的实质，以及过于追求问题的难度而忽视了学生的实际情况。这样的问题往往无法真正引导学生深入思考，甚至可能让他们感到枯燥、困惑和挫败。

4. 教学内容系统性不足

教学内容是教师传授知识的主要载体。数学作为一门严谨的科学，知识间具有结构性、关联性和整体性等特点。很多教师对此认识不足，无法做到对教学内容进行精心的规划和设计，将数学知识的特点融入每一堂课的教学设计中，以确保教学内容具有逻辑性和连贯性，以及确保学生的认知规律和学习需求相匹配，这样也就无法帮助学生系统地构建知识体系。

2.2　小学生数学学习现状差异化分析

2.2.1　深度学习和浅表学习

传统的数学课堂教学中，教师对教学形式的关注度不高，经常采用相同的教学方法，没有给学生提供自主探究和学习的平台，单纯传达教材内容，没有发挥自身作用创新教学内容，很大程度上影响了深度教学的开展。事实上，不同版本教材在编排设计时，普遍注重全面培养学生的数学思维品质和数学能力。但是在具体处理章与章、节与节之间的关系时，教师通常没有注意到知识间的结构性联系。这样就会在教学时导致数学知识的零散化，使学生无法建构知识间的联系，很难进行有效的、深度的学习。

一般来说，小学数学知识的程度并不是很深，小学生主要进行的就是浅层的学习。他们对数学的概念只是表面上的语言记忆以及概念的浅层理解，并没有深度把握该数学知识的意义与本质内容。如果在学习过程中只是被老师要求进行被动的知识记忆和学习，没有真正地理解相应的知识，那他们自身所形成的知识体系相对来说是较为孤立的、浅显的，在生活当中自然就不会灵活地运用。

在数学学习的过程中，部分学生实际上是缺乏深度的数学思维和思考的，他们可能是将教师教授的知识点强行地植入脑海中，在具体的解题步骤和过程中也是模仿教师教授的步骤，没有深度考虑知识之间的前因后果和内在联系，久而久之会使得学生的数学思维得到限制，学生很难得到有效的、长足的、深度的发展。

2.2.2 被动学习和自主学习

传统的数学课堂教学中，教师常常以一言堂的教学模式开展教学，并且以灌输的形式向学生传递知识，学生在课堂学习中处于被动的状态，这样的教学模式既使抽象的数学知识显得更加枯燥无味，又消磨了学生自主学习的能力，使学生失去了数学学习的兴趣，学生的课堂学习效率自然也就无法提升。

比如在课堂教学中，"很少有想法"和"没想法"的学生可能是学习有困难的学生，他们习惯按老师的思路去思考问题，总认为老师是对的，缺少学习主动性，学习过程中往往是被动的，在家长、老师等外界力量督促下才能完成教学任务，缺乏学习的主动性。

因此教师要打破传统教学模式，将自主学习和合作学习应用到课堂教学中，发挥学生在课堂的主体作用，充分调动学生的学习积极性，培养学生自主学习的能力，使学生在探索知识的过程中能够控制自身的行为和情绪，从而达成学生之间的合作。这样的学习方法使得学生能够深入理解抽象的数学知识，掌握数学知识的本质，从而提高学生的课堂效率以及质量。

在小学数学课堂教学过程中，学生的自主学习也存在一些问题。

首先，过分地推崇学生的主体性作用，淡化或弱化教师的主导作用。自主学习活动的主体自然是学生，学生在学习过程中必然有其主体性和自主性，但部分教师盲目推崇和强调学生的主体性，使得在具体开展课堂教学活动的过程当中，把学生主体的课堂变成了放任自流的课堂，教师在此过程中的组织、引导和合作等作用被严重削弱，使得学生自主学习的活动缺乏有效的监控和调整，自主学习的效果并不是特别明显。

其次，注重自主学习的行为过程，忽视学生数学思维品质的发展。在课堂教学过程中，教师提前设计或设置好材料和问题，供学生进行自主合作探究学习。虽然大部分学生都能够参与活动过程，在交流和讨论互动中得出结论，但有些时候学生获得的都是浅表性的知识，数学思维和能力品质的发展并没有得到实质性的体现。

2.2.3 片段化认知和结构化认知

在现代信息社会中，人们每天都在面对大量的信息和知识，如何有效地获取、理解和利用这些信息，成了一个亟待解决的问题。在解决这一问题的过程中，我们不可避免地会涉及两种认知方式：片段化认知和结构化认知。小学生的数学学习同样如此。基于小学生认知特征和数学知识的本质特征，小学数学教学应当遵循片段化认知向结构化认知发展的原则。

对于小学生而言，他们的认知能力还不够成熟，往往只能处理一些简单的、具体的信息。因此，在小学数学教学中，教师应当从片段化认知开始，让学生逐步接触和理解数学的基础知识。例如，学生只有在学习简单的加减乘除运算的基础上，才能再逐步进入更复杂的数学运算。然而，仅仅停留在片段化认知的层面是不够的。随着学生认知能力的提升和数学知识的积累，教师需要引导他们逐步向结构化认知发展。这意味着，学生需要学会将零散的数学知识整合起来，逐步建立起能体现数学学科本质、对未来学习有支撑意义的结构化的数学知识体系。例如，在学习了几种基本的图形之后，学生需要理解这些图形之间的关系和联系，形成一个较为完整的图形认知体系。

2.3 影响小学数学深度教学的关键因素

2.3.1 教师因素

教师的专业素养、教育理念、教学方法和沟通能力等都会直接影响深度教学的实施效果。传统的教育教学观念中，部分教师制定教学目标、设计教学环节，往往会将教学内容作为课堂的重点，甚至是全部。部分教师会认为只要将教学内容输出即可，并不注重学生是否能够理解、掌握所教的知识。教师往往选择站在师者的角度去俯视课堂，忽视了学生才是课堂的主体，是接受知识的对象，教学活动应以学生的发展为本，遵循教学相长的原则和规律。数学教师必须关注学生的主体诉求，对于知识进行重新建构，帮助学生充分地理解知识以及掌握知识，使学生能够利用知识相互之间的关联，通过迁移的方式进行活动，从而构建起一个系统的知识体系，发展学生的数学核心素养。

2.3.2　学生因素

深度教学强调学生对数学知识的深刻理解与掌握，而非仅仅停留在表面的认知。学生的知识经验和认知水平对于深度教学的实施至关重要。首先，知识经验是深度教学的前提。在数学教学中，教师需要确保学生具备必要的知识基础，以便他们能够顺利地进行后续的学习。这意味着，教师在开展深度教学之前，需要对学生的知识储备进行全面的了解与评估。在此基础上，教师才能有针对性地开展深度教学，帮助学生建立系统的知识体系。其次，学生的认知水平直接影响深度教学的效果。不同的学生具有不同的认知特点和思维方式，因此，教师需要采用多样化的教学方法，以满足不同学生的需求。

2.3.3　环境因素

教学环境包括物质环境和人际关系环境两个方面，这些因素都会直接或间接地影响深度教学的实施效果。深度教学并不仅仅是在客体上发生，深度教学也是在社会情境当中的，而数学学习也有一定的个体以及社会双重性的特征。在比较轻松的环境当中，学生思维有时非常活跃，在教和学双项活动的情况下，学生、教师、素材可以融入一个比较和谐的统一体当中。教和学之间的各个环节需要搭配式的，这样才能让教学效果有所提升，让学生在学习的过程当中能够个性化地进行学习以及思考，并且以理解为基础将知识体系内化，同时，让学科素养得以发展。

2.3.4　学校因素

学校的管理制度、教学资源和师资配备等方面也会对深度教学产生一定的影响。例如，学校提供的良好教学资源和教育设施可以为深度教学提供更好的保障和支持。同时，学校是师生开展教学活动的主阵地，引领着全校师生前进。国家制定教育总目标，学校则是落实教学目标的重要分支，学校的培养目标往往决定着教师的培养方向、培养方式。如果培养目标存在范围广、定位模糊、不注重关键能力的培养等问题，就会使教师无法精准落实培养目标而影响深度教学。

第3章　小学数学深度教学的策略

3.1　深度理解，把握数学本质

3.1.1　教师必须厘清教学内容的本质

1. 数学的本质

要突破当下小学数学的教学现状，实现深度教学，教师首先要把握数学的本质，从学生视角理解教学内容。恩格斯给数学下过明确的定义："数学是研究客观世界的数量关系和空间形式的科学。"数学研究的是客观世界，是对客观世界的一种认识，并用抽象的方式进行表征，所以对数学成果究竟是"发现"还是"发明"一直有所争论。杨振宁认为，数学的新发展是一种创造，但对应逻辑结构来说，是发现，数学里面创造的东西，从逻辑结构上来说，它已经存在，可是在人类的认知里，本来没有认识，当人们把认知扩充了，就是一种创造。数学不仅是人们用发明的思路、方法和抽象形式发现客观世界，更是剥离了物理属性高度抽象的结果，是其他自然学科的理论基础。

2. 教学内容的本质

第一，从知识层面理解教学内容。

学科教学是知识的教学，但知识的教学不等于灌输教学。传统的教学方式更多的是为应试所服务，所以很多教师会将书本上的知识如计算机输入般机械地塞给学生。这样的教学理念也导致教师在制定教学目标时，更容易偏向知识的积累。教师根据教学参考书给定的教学知识点查阅资料，找到有趣的教学活动并应用于教学过程中，实施教学。在整个教学活动中，教师更关注于需要教学的知识点，而非学生；学生更多的是被动学习，被动接受，少有参与感，更别说深度学习了。例如，在传统教学中，很多孩子即便到了小学毕业，也不清楚整数、分数和小数之间的关系，认识数位但不知道数位的作用，会用口诀计算乘法但不知道乘法本质是加法，认识各种多边形但面对新的图形不知道该去观察什么……这样的数学教学，违背了数学的本质。

从数学的本质来看，学生是要学会如何发明思路、方法去探索、认识这个世界本来的样子。在教学中我们更应该关注学生是如何获取知识的，而非学生是如何记下知识的。

知识是人类对物质世界和精神世界探索的结果的总和，人类用其特有的语言和文字将知识记录下来并进行传承。数学知识作为数学活动探索的结果，即客观世界的数量关系和空间形式。正如杨振宁所说，数学知识作为结果只是一种"发现"。学生学习不能流于表面，更应该深入理解，经历数学知识产生形成的过程，从"发现"走向"发明"。

要实现深度学习，势必要求教师实现深度教学。教师需要打破传统教学理念，从数学知识的本质出发，从整体把握教学目标，基于数学知识产生的过程设计活动，而非认识知识的活动；根据学生的年龄特征，梳理活动中的教学瓶颈，优化学习路径，形成学习任务链。在这样的教学活动过程中，学生可以亲历数学知识产生的过程，体会数学知识的价值，建立数学学科内各知识的联结，甚至建立跨学科知识联结，实现深度学习。

第二，从生活层面理解教学内容。

弗赖登塔尔曾说："没有一种数学思想，以它被发现时的样子公开发表出来。一个问题被解决后，相应地发展为一种形式化技巧，结果把求解过程丢在一边，使得火热的发明变成冰冷的美丽。因此，教材是'教学法的颠倒'。"数学知识是高度抽象这个世界的结果。对小学学生来说，教材呈现的内容就是"冰冷的"，即便配有再多可爱、美丽的图片，那也不如扭头看向窗外的真实世界精彩，只能是"冰冷的美丽"。

罗巴切夫斯基说："任何一门数学分支，不管它如何抽象，总有一天会在现实世界中找到应用。"小学数学是最基础的数学，但越基础往往越接近本质。对于小学生来说，教师不如颠倒"教学法的颠倒"，帮助他们亲历数学知识产生的过程，将"冰冷的美丽"还原到它本来应该存在的现实生活中去，让学生在精彩、火热的现实世界中，基于解决实际问题的需要，去探索、认识现实世界，最终在内心中种下抽象的火苗，而不是一遍遍去记录教材上"冰冷的美丽"。学生在面对生活实际问题时，就需要真正去探索可行的解决问题的方法，这就帮助学生形成数学思想方法；在解决生活实际问题中，由于数学本身的抽象性，会让学生形成抽象的观念和思维方式，这就帮助学生形成数学思维方式。学生走出课堂后，自然会用数学的思想方法和思维方式去探究纷繁复杂的现实世界。

3.1.2　教师必须明晰学生学习的起点

维果斯基的"最近发展区"理论认为，学生的发展有两种水平：一是学生的现有水平，二是学生可能的发展水平，即通过学习获得的潜力，两种水平之间的差异就是最近发展区。学生是学习的主体。教学就应该着眼于学生的"最近发展区"，先明确学生的学习起点，再制定课堂学习目标。实现学生的"最近发展区"，就是实现从学生学习起点到课堂学习目标之间认知的发展。

1. 思维规律

2022 年版课程标准将小学划分为三个学段：1～2 年级为第一学段，3～4 年级为第二学段，5～6 年级为第三学段。这样细致的划分更符合小学生的年龄发展特征。

第一学段充分考虑了幼小衔接的过渡。随着从前运算阶段到具体运算阶段的转变，孩子逐渐脱离自我中心，一年级过渡后，在二年级慢慢适应，顺利实现学生身份的转变。本学段应帮助学生对数学学习产生兴趣并树立信心。

第二学段相较第一学段有明显的认知差异。学生有了初步的逻辑思维，能整体把握事物，具有守恒性，思维认知更具有可逆性。学生学习上可以初步尝试自我探究，在充分感受的基础上发展逻辑思维能力。本学段应鼓励学生主动参与数学活动，在与他人的交流中敢于提出自己的想法，体验数学的美。

第三学段是学生思维跳跃式发展的阶段，进入形式运算阶段。此学段的学生已有初步的逻辑思维能力，能理解假设命题，并进行演绎推理。学生也更关注实际生活，能根据可能性中的真实性寻找正确答案。本学段应帮助学生初步养成认真勤奋、独立思考、合作交流、反思质疑的学习习惯。

2. 认知规律

要明确学生学习的起点，不仅要了解学生的思维发展规律，更要关注学生的认知发展规律。客观世界是紧密联系的，数学是对客观世界的反映，其知识之间也有极密切的联系。汉克尔曾说过，在大多数学科里，一代人的建筑往往被另一代人所摧毁，一个人的创造被另一个人所破坏；唯独数学，每一代人都在古老的大厦上添加一层楼。教师在制定教学目标时，更要基于数学知识与知识之间、数学与其他学科之间的内在联系，从整体上把握教学方向，制定教学目标。这里的整体，不仅指一个课时内的知识，更是一个单元，甚至是跨单元、跨年级、跨学科的主题式教学内容。

具体来看，在数与代数领域，第一学段需要经历简单的数的抽象过程，认识万以内的数；能进行简单的整数四则运算；形成初步的数感、符号意识和运算能力。在此基础上，第二学段需要认识自然数，初步认识小数和分数；能进行较复杂的整数四则运算和简单的小数、分数加减运算。此阶段培养了学生的数感、运算能力和初步的推理意识。进入第三学段，将深入研究本领域内容，学生需要经历用字母表示数的过程，认识自然数的一些特征，并理解小数和分数的意义；能进行小数和分数的四则运算，探索数的运算的一致性；发展学生的符号意识、运算能力和推理意识。

在图形与几何领域，第一学段的学生应能辨认简单的平面图形和立体图形，认识长方形和正方形的特征；体验物体长度的测量过程，认识常见的长度单位；形成初步的量感和空间观念。第二学段在第一学段基础上，认识常见的平面图形，形成图形认识的范式；经历平面图形周长和面积的测量过程中，探索长方形周长和面积的计算方法；了解图形的平移、旋转和轴对称；形成量感、空间观念和初步几何直观。第三学段的学生突破了平面图形的认识，开始认识立体图形；探索并掌握常见平面图形的面积和周长计算，常见立体图形的体积和表面积计算；进一步认识图形的平移、旋转和轴对称；形成几何直观。

在统计与概率领域，学生先经历简单的数据分类过程，再经历简单的数据收集和整理过程，能用统计表、条形统计图、折线统计图等方式表达数据，并理解平均数和百分数的意义，最终能基于数据解决实际问题；发展数据意识。

在综合与实践领域，学生先在主题活动中用数学方法解决简单的生活实际问题，再尝试用数学和其他学科知识与方法解决生活实际问题，最终在项目式学习中自主探索解决问题；积累充分的活动经验；形成数感、量感、推理意识、模型意识、应用意识和创新意识。

可见，数学学习一直都是循序渐进的阶梯式学习，前面的知识是后面知识的基础，后面的知识是前面知识的拓展和延伸。

俞正强认为，学习起点有逻辑起点与现实起点之分。教师基于学生的认知规律和思维规律确定的学习起点就是逻辑起点。但我们处于信息技术成熟、智能技术高速发展的时代，学生获取知识不再是单一的书本知识和课堂教学。例如在教学"千以内数的组成"时，教材内容的起点是学生仅认识百以内的数，而实际上此时不少学生甚至连亿以内的计算单位都能准确说清楚。可见，为了实现深度教学，准确定位学生学习的起点，仅仅确定逻辑起点是不够的，还要根据学生的实际情况，确定学生学习的现实起点。当然，深度教学不是超前教学，现实起点的确定也不能脱离学生的认知规律和思维规律。

3.2 问题驱动，形成数学思维

3.2.1 好问题的几种表现与来源

1. 什么是深度教学课堂中的好问题

首先，深度教学课堂中的好问题是面向全体学生的。我们设计的问题既不能太浅显，因为浅显的问题对于学生来说没有任何的挑战性，也没有可讨论性；但也不能太深，太深的问题只有少部分人能思考，大部分的学生都不明白问题的意图，无从答起，久而久之，他们就失去了学习的兴趣。好的问题难度是适中的，面向全体学生的。

其次，深度教学课堂的好问题是有核心问题的。因此，我们设计的问题不能碎，要适度，要关注本节课的核心问题。否则，整堂课下来学生疲于应付，体会不到学习的乐趣。

再次，提出的问题一定是学生有话可说的。提出的问题学生不回答，上课的老师有没有考虑过学生为什么不回答？有时候不是学生不想回答，而是不好回答，或者说是不会回答。所以，我们提出的问题应该是立足于学生的年龄特点和思维方式，问题应该是他们可以接受和回答的。

2. 好问题的集中表现

一本畅销的故事书一定有吸引读者的故事情节，一节有深度的数学课一定有好的数学问题引领。明代学者陈献章说："学贵有疑，小疑则小进，大疑则大进。"美国数学家哈尔莫斯说："问题是数学的心脏。"什么样的数学问题才算是"好问题"呢？数学课堂中的"好问题"一定表现在直指学科的本质，揭示当堂课知识的重难点；一定表现在课堂互动中，直接影响课堂效果；一定表现在能贴近学生的实际生活，有数学价值和趣味性；一定表现在既能解决生活中的实际问题，又能拨动学生的思维之弦；一定表现在能激起学生思维的"火花"，成为学生主动探索数学的动力。

3. 好问题从哪里来

一是来源于学生的生活经验。教师设计脱离学生生活经验的问题，即使再"高大上"，也是无效问题。因此，好问题一定来源于学生的生活经验。

二是来源于学前测和学后测中出现的真实问题。学前测和学后测都指向教学难点，因此，深度教学课堂中的好问题针对性要强，要能揭示知识的难点，紧扣教学目标。教师要在知识的易错处提出数学问题，以达到突出教学重点、分解教学难点的目的，帮助学生扫清学习障碍。教师还应在学生思维的障碍处提出问题，这样有利于学生的知识迁移、知识建模，加深学生对所学新知的理解。

三是来源于对课标、教材的解读。课标和教材指向教学难点，因此，深度教学课堂中的好问题要突破教学重点，指向学科知识的本质。

德国教育家第斯多惠说过，教育艺术的本质不在于传授本领，而在于激励、唤醒和鼓舞。深度教学课堂中的"好问题"要能激发学生的内驱力，要能唤醒学生对知识的渴望和对学习的兴趣，鼓舞学生产生对未知的探索需求。这样，才能发展学生的数学思维，提高数学教学质量，将课堂引向深度，将学生带向远方。

3.2.2　聚焦大问题，引领数学思维聚合发展

罗伯特·所罗门撰写的《大问题：简明哲学导论》一书中所述："所谓大问题就是既追问世界背后之统一根据又与人的生存意识息息相关的那些问题。"落地到数学教学中，张文质在《让学习发生——谈什么是"大问题"教学》一文中所述："大问题是学科和学科教学的核心问题与基本问题。"在日常教学中，学生所学到的具体方法不是大问题，获得一种去寻找解决这个问题的意识和素养才是大问题。大问题教学的课堂将努力让学生形成既是基于

自己的理解力，又是走向开放、多元地去探索未知的学习意识。因此，大问题教学是"以生为中心"的教学，其重要标志是直指学科本质，直指教育中人际关系的本质，也直指学习方法本质。大问题教学追求的是智慧型的学习，因而在这样的课堂中就需要更多的合作探究、自主生成，它的核心是针对学生的发展。其课堂是开放的课堂，是追求深度教学的课堂。

既然深度教学的课堂存在大问题，那么何谓小问题呢？它们是什么关系呢？

大问题并不是除了小问题之外的问题，小问题也并不是与大问题相对的问题，两者是一般与个别的关系。所谓的小问题不是来自平时课堂教学中的碎问题，也不是大问题内部的分支，而是由大问题所衍生出的具体显示问题。例如，"角的度量"一课中，"量角器怎么量角"这是一个小问题，指向量角器的使用方法，是具体的、显现的问题。而"量角器为什么能量角"这就是一个大问题，它指向了度量的本质——重合，即量角器上有许多已知度数的角，我们将已知度数的角和被测角重合。这一问题在度量领域是指向度量本质的，如直尺为什么能量长度等，这就是核心问题，也就是大问题。它与小问题"量角器怎么量角"是理与法的关系。

3.2.3 聚焦问题链，引导数学思维逐步发展

从数学教学角度看，问题是引导学生发现、探究和运用的一种心理困境。黄光荣认为，问题链是数学知识结构的表现形式，是对数学问题进行深化、推广、引申、综合这一过程不断深化、逐次推进后所形成的具有内在联系的若干问题，兼具收敛性和发散性的数学思想方法。殷堰工认为，数学问题链是指数学教学中围绕某一问题进行渐进式的、全方位的提问而形成的一连串问题，具有指向明确、思路清晰并有内在逻辑等特点。王后雄也从教学的角度认为，问题链是教师根据教学目标和学情，将教材知识转化为具有层次性和系统性的一组教学问题序列。与问题链相近的一个概念是问题串。王先进认为，问题串是指围绕同一主题且具备明确目标指向的问题系列，其中的每个问题围绕目标承担各自的功能，是思维链条的路标和思维方向的指引者。唐恒钧认为，数学问题链是指教师在课外预设并在课堂上以多种方式呈现给学生的、有序的主干数学问题序列，它既为学生提供了数学学习的骨架，又为学生发展高水平的思维提供了可能性。

不同专家、学者对数学问题链的内涵的认识、表述存在一定的差异，但又有着基本共识。首先，问题链是由多个问题所组成的；其次，在数学思想方法、学生认知或教学目标的指引下，问题链中的问题之间是有联系的，而非散乱的；最后，教学目标、数学思维以及学生认知是确立问题链时的三大基点。

例如，在"三角形的认识"的教学中，首先给出了很多生活中的物品，抽象出三角形，进而归纳总结三角形的定义，再学三角形的底和高两个要素。

问题1：如何定性刻画三角形？

问题2：如何定量刻画三角形？

由此可见，一节课的问题链所包含的问题不多，但问题与问题之间是有思维跨度的，也是关联的。图形的认识一定是从定性地刻画走向定量地刻画，定性地刻画图形是学习定量地刻画图形的前提，而定量地刻画图形是对定性地刻画图形的补充或者辅助。

问题链是有脉络的，由问题链的设计就能看出整个课堂设计，可谓窥一斑而知全豹！换句话说，从问题间的内在逻辑来看，从问题的开端研究就会产生新的问题，从而形成问题链。例如，在"角的度量"一课中，教师提出"量线段长短，我们用小小的线；量长方形的面积的大小，我们用小小的面。那量角的大小呢"→"量角器是怎么产生的呢"→"怎么使用量角器"→"量角器为什么能量角呢"，在数学思维的不断引导下产生新的问题，进而形成问题链。

3.3　多元整合，体悟数学联系

3.3.1　基于学习路径的单元整体教学

美国学者西蒙最早提出学习路径的概念：学习路径是指学生为达到某个目标而进行学习所要经历的可能路径。它包含三个方面的内容：决定方向的学习目标，学习活动，假定的学习过程。伴随全过程的是对学生学习的理解。因此，基于学习路径的数学课堂，应遵循以下步骤：理解学习目标，确定学习起点，分析学习路径，设计并实施教学任务。以基于学习路径的"小数乘法"单元整体教学为例进行说明。

1. 理解学习目标

学习目标的确定和具体化是基于学习路径分析的小学数学教学的核心。一个单元的总体目标是开展单元教学内容的学与教的前提，如果考虑到整个单元的教学体系，就需要跨越不同的单元进行审视。

1）分析学习目标

人教版教材五年级上册"小数乘法"单元的学习目标主要包括：经历小数乘整数、小数乘整数（积的末尾有 0）、小数乘小数、小数乘小数（积的小数位数不够）的计算过程，理解算理，掌握小数乘法的计算方法及运算律；经历用估算和分段计时解决实际问题的过程。人教版教材五年级上册"小数乘法"单元框架如图 3-1 所示，人教版教材五年级上册"小数乘法"单元具体内容见表 3-1 所列。

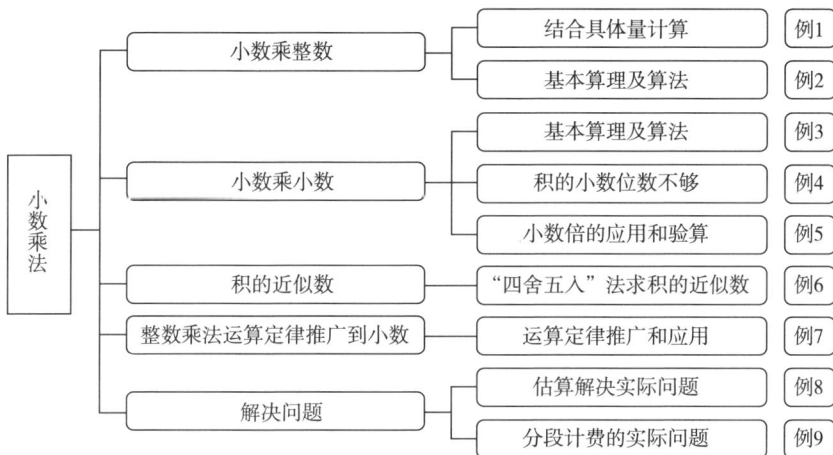

图 3-1 人教版教材五年级上册"小数乘法"单元框架

北师大版教材四年级下册"小数乘法"单元的学习目标主要包括：经历用人民币单位的换算探索小数乘整数的意义；用数位顺序表探索小数点向右移动引起小数大小变化的规律；再用正方形整体图、正方形十等分条形图、正方形百等分方格图三个图形的直观演示探寻小数点向左移动引起小数大小的变化规律。然后，通过街心广场铺设地砖的实际生活情境探索"小数乘法"中积随乘数变化的规律，列表探究积的小数位数与乘数小数位数的关系，层层递进，合理迁移，逐步深化。最后将整数运算定律推广至小数运算，让学生明白整数运算定律对于小数运算仍然适用。

表 3-1 人教版教材五年级上册 "小数乘法" 单元具体内容

例题	知识顺序	教材呈现	路径
例1	小数乘整数 9.5×3	现实购物情境（9.5元、6.8元、8.6元、14.2元）	$\begin{array}{r}9.5\text{元}\\ \times\quad 3\\ \hline 28.5\text{元}\end{array}$ → $\begin{array}{r}95\text{角}\\ \times\quad 3\\ \hline 285\text{角}\end{array}$　转化成整具 体量计算
例2	小数乘整数 0.72×5（积的末尾有0）	承接例1情境 对话启发思考（"0.72不是价钱，怎样计算？" "能不能转化成整数来计算？"）	$\begin{array}{r}0.72\\ \times\quad 5\\ \hline 3.6\cancel{0}\end{array}$ 最后的0可以去掉。 $\begin{array}{r}72\\ \times\quad 5\\ \hline 360\end{array}$ ×100 ÷100　利用积的变化规律计算

（续表）

例题	知识顺序	教材呈现	路径	
例 3	小数乘小数 (1) 2.4×0.8 (2) 1.92×0.9	给一个长 2.4 m，宽 0.8 m 的长方形宣传栏刷油漆，每平方米要用油漆 0.9 kg。一共需要多少千克油漆？ 实现刷漆情境	$2.4×0.8=$ 　　×10 → 24　　×10 → 8　　÷100 → 192 $\begin{array}{r} 2.4 \\ \times\ 0.8 \\ \hline 1.92 \end{array}$ $1.92×0.9=$ 　　×100 → 192　　×10 → 9　　÷1000 → 1728 $\begin{array}{r} 1.92 \\ \times\ 0.9 \\ \hline 1.728 \end{array}$	利用积的变化规律计算
例 4	小数乘小数 0.56×0.04 （积的小数位数不够）	乘得的积的小数位数不够，怎样点小数点？ 无情境 直接呈现问题	$\begin{array}{r} 0.5\,6\cdots\cdots 两位小数 \\ \times\ 0.0\,4\cdots\cdots 两位小数 \\ \hline 2\,2\,4\cdots\cdots（\ ）位小数 \end{array}$ → $\begin{array}{r} 0.5\,6 \\ \times\ 0.0\,4 \\ \hline 0.0\,2\,2\,4 \end{array}$	利用积的变化规律计算

苏教版教材是把小数乘法和除法放在一个单元，分为五段。为了更好地横向比较三个版本中小数乘法单元内容，剔除小数除法两段内容，苏教版教材五年级上册"小数乘法"单元的学习目标主要包括：掌握小数乘整数的计算方法，探索一个小数与 10、100、1000……相乘时小数点位置的移动；掌握小数乘小数的计算方法，包括用"四舍五入"法取积的近似值；学习小数四则混合运算，包括应用运算律进行简便运算。苏教版教材五年级上册"小数乘法"单元框架如图 3－2 所示，苏教版教材五年级上册"小数乘法"单元具体内容见表 3－2 所列。

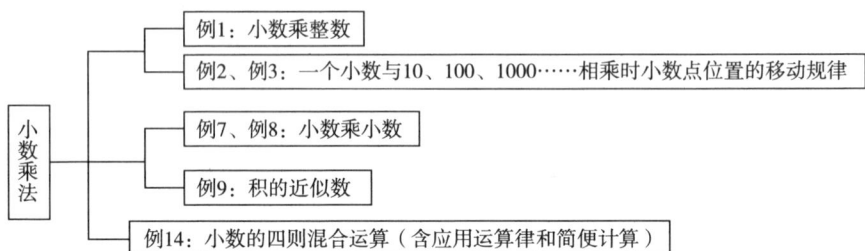

图 3－2　苏教版教材五年级上册"小数乘法"单元框架

2）确定核心目标

"数与代数"领域中"数的运算"的教学内容应重点关注学生运算能力的培养。算理与算法是运算教学中的两个关键要素，二者是相互联系、有机统一的整体，能较好地理解算理和掌握算法是学生具备运算能力的主要表现。

小数乘法的竖式书写、计算顺序、积的定位等都可仿照整数乘法的相应法则。本单元的教学重点是引导学生将整数乘法的经验迁移到小数乘法中，同时理解小数乘法的计算中小数点的处理方法。积的位数少于乘数中小数部分位数之和的小数乘小数的笔算对学生来说是一个难点。本单元的核心目标是探索并理解小数乘法的算理，掌握小数乘法的计算中小数点的处理方法。

3）核心目标具体化

结合以上整体分析，将核心目标具体化为两点。一是理解小数乘法的算理。其主要内涵包含四个水平层次：能理解小数的结构以及小数乘法算式的意义；能有自己的计算方法并说明理由；能理解不同的方法，并且能够比较不同的方法；能在表征、比较的基础上提炼通法。二是掌握小数乘法的计算方法。具体表现为学生能感受情境意义、计算过程与整数乘法竖式的关联；理解并掌握计算中小数点的处理方法，建立算法模型。

表 3 - 2 苏教版教材五年级上册"小数乘法"单元具体内容

例题	知识顺序	教材呈现材料	路径	
例 1	小数乘整数 (1) 0.8×3 (2) 2.35×3		$$\begin{array}{r} 0.8 \\ \times\ \ 3 \\ \hline 2.4 \end{array}\quad \begin{array}{r} 2.35 \\ \times\ \ \ 3 \\ \hline 7.05 \end{array}$$ 0.8…8个十分之一 2.4…( )个十分之一 2.35…( )个百分之一 7.05…( )个百分之一	转化成具体量的计算
例 2 例 3	小数点位置的移动规律 (1) 5.04×10 5.04×100 5.04×1000 (2) 0.351千克=( )克	5.04 乘 10、100、1000 各是多少? 用计算器计算，并观察小数点位置的变化情况。 5.04×10＝ 5.04×100＝ 5.04×1000＝ 下面是几种食品每千克中蛋白质的含量。

食品名称	蛋白质含量/千克
黄豆	0.351
玉米	0.081
牛奶	0.03

每千克黄豆中蛋白质的含量是多少克？填一填。 0.351千克＝( )克 | — | 探索积的变化规律 |
| 例 7 | 小数乘小数 3.8×3.2 3.2×1.15 | 下面是小明房间和外面阳台的平面图。 | $$\begin{array}{r} 3.8 \\ \times\ 3.2 \\ \hline 7\ 6 \\ 1\ 1\ 4 \\ \hline 1\ 2.1\ 6 \end{array}\quad \begin{array}{r} 1.15 \\ \times\ 3.2 \\ \hline 2\ 3\ 0 \\ 3\ 4\ 5 \\ \hline 3.6\ 8\ 0 \end{array}$$ $$\begin{array}{r} 3\ 8 \\ \times\ 3\ 2 \\ \hline 7\ 6 \\ 1\ 1\ 4 \\ \hline 1\ 2\ 1\ 6 \end{array}\quad \begin{array}{r} 1\ 1\ 5 \\ \times\ 3\ 2 \\ \hline 2\ 3\ 0 \\ 3\ 4\ 5 \\ \hline 3\ 6\ 8\ 0 \end{array}$$ ×10 ×10 ÷100 ×( ) ×( ) ÷( ) | 利用积的变化规律 |

（续表）

例题	知识顺序	教材呈现材料	路径	
例 8	小数乘小数 0.28×0.28	小明在阳台上摆放了一个花架，它的底面是边长0.28米的正方形。这个花架的占地面积是多少平方米？　　$0.28 \times 0.28 =$ （　　）	—	利用积的变化规律
例 9	积的近似数 3.18×1.6	王大伯家前年收入3.18万元，去年的收入是前年的1.6倍。去年大约收入多少万元？（得数保留两位小数）	$3.18 \times 1.6 \approx$ （　　） $$\begin{array}{r} 3.18 \\ \times\ 1.6 \\ \hline 1908 \\ 318 \\ \hline 5.088 \end{array}$$  千分位上是8，保留两位小数应该怎么办？	四舍五入求积的近似值
例 14	小数的四则混合运算 $6.5 \times 3.8 + 3.5 \times 3.8$ $(6.5 + 3.5) \times 3.8$	赵大伯在一块长方形菜地里（如右图）种了茄子和辣椒。这块菜地的面积是多少平方米？  茄子　　辣椒 　3.5米 6.5米 3.8米	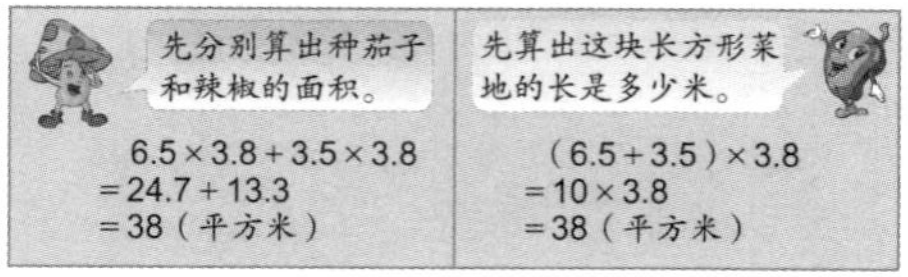 先分别算出种茄子和辣椒的面积。 $6.5 \times 3.8 + 3.5 \times 3.8$ $=24.7 + 13.3$ $=38$（平方米） 先算出这块长方形菜地的长是多少米。 $(6.5 + 3.5) \times 3.8$ $=10 \times 3.8$ $=38$（平方米）	应用运算律进行简便计算

2. 确定学习起点

单元学习目标是思考单元整体教学的前提，也是教学要达到的终点，而学生的学习起点是单元教学的基础。在确定学生真实的学习起点时，已有的研究文献和教师的经验是非常重要的资源，除此之外，对学生进行前测，也是一种有效的手段。

1）学生的算理理解水平分析

为真实了解学生的算理理解水平，以算理理解的五个水平层次为基础，建构两位数乘两位数笔算算理理解表现性评价框架，笔者开展了前测，前测题如图 3-3 所示。

“小数乘整数”测试问卷

亲爱的同学们，这仅仅是一次调查问卷，不是考试，请你认真读题作答，谢谢！
想一想："1.5×3"表示的意义是什么？怎么计算呢？
请你用横式写一写你的计算方法，并试着通过画图把你的方法表示出来。

计算方法：

1.5

图 3-3 前测题

“小数乘整数”的算理理解水平前测结果见表 3-3 所列。

表 3-3 “小数乘整数”的算理理解水平前测结果

水平层次	内容要素	具体描述	前测数据（人数）
水平 0	无	无法对前测问题作出相关的回应	3 人
水平 1	认识数的结构	理解算理的初级水平：能够理解小数乘整数的意义，并能根据运算的需要对数进行重组	17 人
水平 2	表征计算过程	在理解数的结构及算式意义的基础上，能运用画图把计算过程表示出来，并探究出计算的结果	20 人
水平 3	概括计算过程	能理解数的结构及算式意义，能借助正方形图表征计算过程和算出计算结果，还能用数学语言说清楚先算什么再算什么	10 人

（续表）

水平层次	内容要素	具体描述	前测数据（人数）
水平 4	提炼基本算法	算理理解的最高水平：能理解数的结构及算式意义，能有自己的计算方法，并能通过直观模型和数学语言进行表征，还能通过变式的方法提炼出基本算法	0 人

从前测结果可以发现，大部分的学生能够理解乘法算式的意义，能对数进行重组，大部分的学生能够画分点子图和用自己的方法找到 1.5×3 的计算结果，但大部分学生无法准确地用数学语言表达操作过程，无法说清楚先算什么再算什么，不能从非基本算法中自发地进行优化，提炼出基本算法。

2）学生计算算法分析

前测题如图 3-4 所示。

"小数乘整数"测试问卷

亲爱的同学们，这仅仅是一次调查问卷，不是考试，请你认真读题作答，谢谢！
你能结合正方形图和分步计算的过程尝试用整式记录下 1.5×3 的计算过程吗？

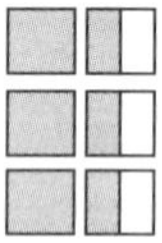

尝试竖式记录：

$0.5 \times 3 = 1.5$
$1 \times 3 = 3$
$3 + 1.5 = 4.5$

$$\begin{array}{r} 15 \\ \times\ 3 \\ \hline 45 \end{array}$$

你能通过刚才列竖式的经验，试着算一算 0.46×0.7 吗？

图 3-4 前测题

学生的解答情况见表 3-4 所列。

表 3-4 学生的解答情况

学生作答	$\begin{array}{r}1.5\\ \times\ 3\\ \hline 4.5\end{array}$	$\begin{array}{r}1.5\\ \times\ 3\\ \hline 4.5\end{array}$	$\begin{array}{r}0.46\\ \times\ 0.7\\ \hline 32.2\end{array}$	$\begin{array}{r}0.46\\ \times 0.7\\ \hline 3.22\end{array}$
人数	44	3	23	17

第一题的正确率约 94%，大部分的学生已掌握了小数乘整数的方法。第二题计算错误的原因是积的小数点点错和对位错误。随后，笔者访谈了计算正确的学生为什么这样点小数点时，部分学生表示不清楚，部分学生想说但表达不清楚。可见，学生在学习小数乘法之前存在着"理不够透彻，法不够深入"的前置学情。

对 30 名六年级的学生进行学后访谈，结果如下。

问题 1：你觉得小数乘法单元中为什么会提到运算律？所有同学都提到了"简便计算"，5 个同学提到了"为了运算律对小数乘法也同样适用"。

问题 2：运算律对于我们这个单元的知识学习还有其他作用吗？无人回答。

问题 3：运算律是否能验证小数乘法计算方法的合理性呢？孩子们都给出了肯定的回答。

由此可知，运算律的学习价值没有真正体现。

3. 分析学习路径

基于对学习目标、学习路径的整体思考，就可以对苏教版教材五年级上册"小数乘法"单元的教学顺序做以下调整（表 3－5），构建符合学生认知规律的学习路径。

表 3－5　苏教版教材五年级上册"小数乘法"单元的教学顺序

	整合前	整合后	
小数乘整数	例 1：0.8×3，2.35×3	小数乘法（一般情况）	算法理解课
		特殊情况怎么样算？（积的末尾有 0、积需添 0 补位、因数的中间或末尾有 0 等特殊情况）	算法熟练课
	练习一	小数乘法熟练课	专题练习
小数乘小数	例 2、例 3 积的变化规律	积的变化规律	规律探索
	例 7、例 8：3.8×3.2　3.2×1.15　0.28×0.28	我要多看你一眼！（估算、看尾数、看小数点的位置和验算）	计算策略课
	练习二	我们学过的小数	主题整理课
小数四则混合运算	例 14：6.5×3.8＋3.5×3.8　（6.5＋3.5）×3.8	运算律有啥用？	意义理解课（拓展学习）

通过表3－5可以发现，调整后的单元教学内容仍然分为小数乘整数、小数乘小数、小数四则混合运算三个部分，其中小数乘整数作为本单元的核心内容，进行了较大的教学调整。将原来教材安排的一位小数与两位小数乘整数设计成算理理解课和算法熟练课，用连续的两个课时进行教学，第一课时依据算理理解水平层次做好算理理解教学，不进入竖式教学；第二课时让学生经历竖式的形成过程，做好竖式、横式与情境的关联，帮助学生理解小数乘法竖式的合理性，建构小数乘法算法模型。

4.设计并实施教学任务

设计并实施教学任务将在后文详细介绍，此处不再赘述。

3.3.2 大观念统领的单元整体教学

学术界对大观念的界定有多种表述，但是各种表述均体现了大观念所具备的指向学科本质、彰显学科价值、概括学科结构、提供思维模型、具有广泛迁移等特征。查尔斯将数学大观念定义为"对数学学习至关重要的观念的陈述，是数学学习的核心，能够把各种数学理解联系成一个连贯的整体"。当前大观念的相关研究主要集中在内容大观念层面，也有部分学者提出了兼顾内容以及过程的大观念。《科学教育的原则和大概念》一书则提出了"理解一些科学上有关的大概念，包括科学概念以及关于科学本身和科学在社会中所起作用的概念"，而后者有着过程大观念的特征，同时彰显了学科价值。

综上，数学大观念应该是内容、过程和价值的融合。数学大观念既包括对于核心内容本质的理解，也包括知识形成和应用过程中所体现出来的思想方法和思维方式。学科本质上是理解世界的独特思维方式，不同学科相区别的核心是其思维方式的不同，但不同学科之间又存在内在联系，它们相互影响、动态互动、交叉融合，共同指向对世界的丰富而多元的理解。而建立在内容及过程基石之上的则是对于学科教育价值的叩问。

大观念统领的单元整体教学是基于数学大观念的整体设计，目标直指学生实现意义理解和自主迁移，关键问题、学习任务、学习支持和反馈评价是重要因素，而单元教学则是具体的实施途径。大观念统领的单元整体教学的设计模型如图3－5所示。

以大观念统领的"表内乘法（一）"单元整体教学为例。

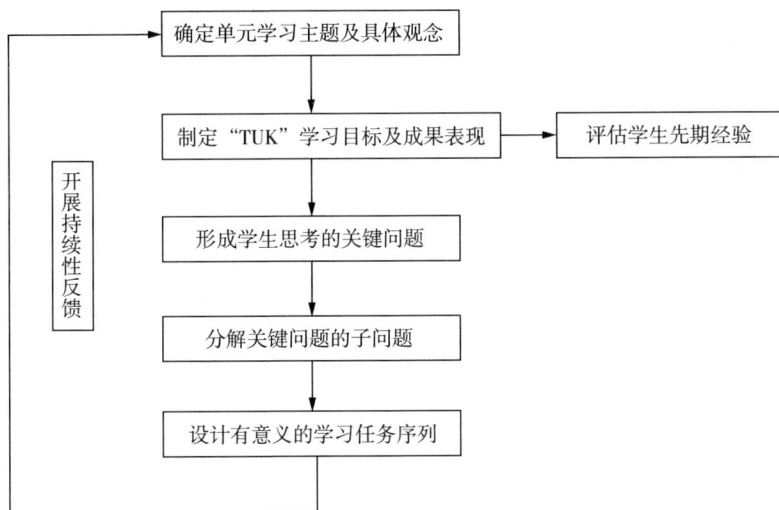

图 3-5　大观念统领的单元整体教学的设计模型

1. 确定单元学习主题及具体观念

1）知识体系解读

从知识体系来看，"表内乘法（一）"属于"数与代数"领域中"数的运算"的内容。整数乘法最基本、最重要的内容之一。

首先，在教材编写逻辑上，乘法的学习在小学阶段经历了两次建构，第一次建构是从乘法的现实模型中逐步实现（过程性意义），第二次建构通过数系的扩展来实现（对象性意义）。本单元正是第一次建构的起点。此外，"表内乘法（一）"是在学习了 100 以内的数的认识，理解了加减法的含义，掌握 100 以内的加减法的基础上展开的，为后续学习奠定基础，起着承上启下的重要作用。

其次，本单元的知识结构包括乘法的意义、乘法口诀、解决实际问题三个核心内容。乘法的意义沟通了加法结构与乘法结构之间的关联，是编写乘法口诀与解决实际问题的依据和认知基础，而乘法口诀、解决实际问题的学习又进一步加深了对乘法意义的理解。可见，乘法的意义是本单元的核心概念，也是本单元的教学重点。

2）素养体系解读

从素养体系来看，"表内乘法（一）"承载着多个数学核心素养的培养任务。课程标准关于运算内容的要求：在具体情境中理解四则运算的意义，感悟运算之间的关系，形成初步的运算能力、推理意识、模型意识应用意识。据此，本单元教学的核心目标是让学生感悟运算及运算之间的关系，体会运算本质的一致性，形成初步的运算能力和推理意识，能在解决实际问题过程中体会运算的意义，解释计算结果的实际意义，感悟数学与现实世界的关联，形成初步的模型思想和应用意识。

3）教材对比解读

（1）苏教版教材的编排结构如图 3-6 所示。

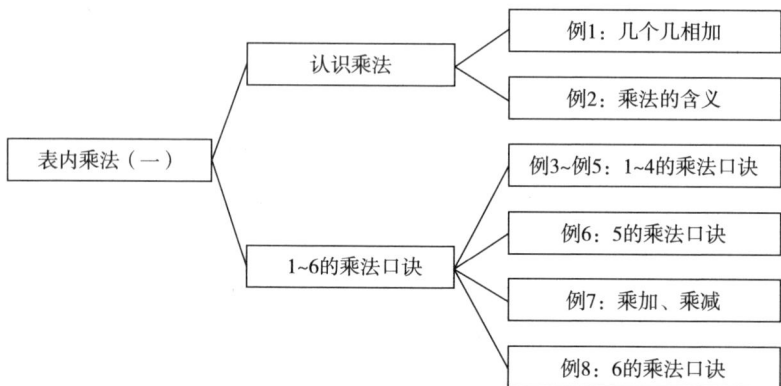

图 3-6　苏教版教材的编排结构

（2）苏教版教材编排的特点如下。

① 结合具体的情境，强化对"几个几相加"的认识，充分感知乘法的含义，经历"列加法算式→抽象出几个几相加→写出乘法算式"的过程，体会乘法算式与加法算式之间的联系。

② 引导学生经历编口诀的过程，是一个"由扶到放"的过程。经历"提出问题→列表填数→概括出几个几相加→列乘法算式→编出口诀"的学习过程。

③ 把认识乘法、学习乘法口诀和解决实际问题紧密结合起来，逐步加深对乘法意义的理解。

（3）多版本教材编排的对比情况。

将苏教版教材和北师大版教材、人教版教材进行横向比较，发现它们的共性如下。

① 结合情境，让学生感悟引入乘法的必要性，体会数量关系从"加法结

构"转变到"乘法结构"。

② 对乘法口诀的教学都在乘法意义的基础上展开的。通过编口诀的活动，沟通乘法口诀、乘法算式与乘法意义之间的关联。

③ 无论是苏教版教材、人教版教材的乘加、乘减，还是北师大版教材的运用口诀解决实际问题，它们的意图都在于加深对乘法意义的理解，巩固乘法模型。

它们的不同点如下。

① 切入点不同。人教版教材、北师大版教材以"5 的乘法口诀"为切入点，苏教版教材以"2 的乘法口诀"为切入点。（但都遵循着教学由易到难的原则）

② 乘法口诀编写形式上不同。苏教版教材、人教版教材呈现的 1～9 的乘法口诀是 45 句的，就是我们平时说的"小九九"，它的特点是在每句口诀里表示相乘的两个数，第一个数不大于第二个数，遇到相乘的两个数相同时，该数的口诀就结束了。而北师大版教材呈现的 1～9 的乘法口诀是 81 句的，俗称"大九九"，它的特点是不管哪个数的乘法口诀，都是从 1 到 9。"小九九"只有 45 句，便于记忆，而"大九九"的每一句乘法口诀都有一个对应的意义表征，便于学生对一句口诀两个含义的理解，但增加了学生的记忆负担。

据此，得出本单元整体教学的另一个核心任务：在尊重教材编写意图与编排结构的同时，在乘法口诀编法上寻求突破，找到一条既便于记忆，又便于理解一句乘法口诀两个含义的学习最佳路径。

4）确定具体观念

基于以上分析，本单元教学具体观念如下。

（1）基于乘法意义沟通运算与运算间的关联。

（2）多角度（纵向结构→横向结构）编制口诀，加深对乘法意义的理解。

（3）利用活动经验迁移能解决更多的问题。

2. 制定"TUK"学习目标

理解为先的单元包含四种不同的学习目标：迁移、理解意义、知识和技能。大观念统领的单元整体教学的核心目标是意义理解和自主迁移，就学习目标而言，不仅包括需要掌握的知识和技能（知识技能目标，简称为 K 目标），更为重要的是依据具体观念设定的意义理解目标（U 目标）和迁移目标

（T 目标）。

结合教材分析和学情分析，制定了"表内乘法（一）"单元整体教学的"TUK"目标。

T（Transfer）目标：学会利用解决问题的经验解决新问题的能力，形成初步的运算能力和推理意识。

U（Understand）目标：能在具体情境中描述乘法含义，理解运算以及运算之间的关系。

K（Knowledge）目标：经历乘法口诀的编写过程，运用乘法口诀能正确计算并解决实际问题。

3. 分析关键问题，设计有意义的任务序列

首先要确立关键问题，再进一步将关键问题分解为子问题，并在此基础上形成单元学习任务序列。这里需要思考如下几个问题：如何根据学生的学习经验将关键问题分解成子问题？什么样的学习任务能够达成预期的学习结果？什么样的学习任务能够更好地激发学生思考？学习任务的顺序和课时如何安排？

围绕着单元关键问题设计的有意义的学习任务应该是高水平的学习任务。当教学任务使学生进行高水平的思维和推理时，就能最大程度地促进学生的学习；当教学任务只是使学生掌握常规程序时，则对学习的促进很少。

"表内乘法（一）"单元划分依据如下。

（1）根据单元整体教学思考，结合学生的认知特征，把单元整体的知识技能目标与素养目标合理分配到每一课时，循序渐进地开展教学。

（2）在编制乘法口诀的形式上采用"明句式""带着编""跟着编""换着编""自主编"等不同方式，积累丰富的编制口诀经验，加深对乘法意义的理解，以达成对本单元核心概念与核心任务的学习，突破教学重难点。

（3）在概念建构课中，让学生理解加法结构与乘法结构的关联，体会运算本质的一致性，初步形成运算能力和推理意识。在乘法口诀开启课中，引导学生感知乘法意义、乘法算式与乘法口诀间的关联，让学生体会到知识的整体性与结构化。2～4 的乘法口诀的教学中，体验不同形式编制口诀的过程，感悟数学活动经验的可迁移性，培养学生的关键能力与模型思想。5 的乘法口诀的教学是一节关键课例（桥梁课），是学习路径的转折，引领学生把乘法口诀从"大九九"的编写形式转换为"小九九"的编写形式，帮助学生理解一

句口诀的两个意义表征。通过本节课的学习，学生能够学会用数学思维解释计算结果的实际意义。

"表内乘法（一）"单元划分见表 3-6 所列。

表 3-6　"表内乘法（一）"单元划分

课时	课型	教学内容	知识技能目标	素养目标
第 1 课时	概念规律课	乘法的意义	理解乘法与加法的关联；掌握乘法算式各部分名称及意义；了解乘号的由来	推理能力、符号意识
第 2 课时	口诀开启课	1 的乘法口诀（明句式）微视频介绍乘法口诀的来源、乘法口诀表的整体呈现	1 的乘法口诀（9 句，明句式），感知乘法口诀与乘法算式之间的关联、整体感知"大九九"乘法口诀表	符号意识学会数学的表达方式
第 3 课时	主题项目课	2 的乘法口诀（带着编）3、4 的乘法口诀（跟着编）	借助加法算式能编写出口诀，理解乘法口诀编写与乘法意义之间的关联	运算能力、推理能力、模型思想感悟数学活动经验的可迁移性
第 4 课时	桥梁课	5 的乘法口诀（换着编）	把 1~4 的乘法口诀编写经验迁移到 5 的乘法口诀的编写；通过观察比较"大九九"引向"小九九"，明确一句乘法口诀的两个含义	运算能力、推理能力会用数学思维解释计算结果的实际意义
第 5 课时	自主探索课	6 的乘法口诀（自主编）	依托情景，再次理解一句乘法口诀的两个含义	运算能力、推理能力感悟学习经验的可迁移性
第 6、7 课时	单元整理课	表内乘法（一）的整理	回顾单元学习历程，厘清运算与运算之间的关联；通过纵向、横向等不同角度观察、比较乘法口诀表，发现规律	运算能力、推理能力

如此编排，突出知识与能力并重，编法与意义链接，课内与课外融合，以此实现更高、更深层次的学习，让核心素养在教学中落地、生根、发芽。

大观念统领的单元整体教学设计的根基是确定单元学习主题及具体观念，并思考"TUK"学习目标及成果表现。在评估学生先期学习经验的基础上，提炼出为达成目标而需要深入思考的关键问题，并根据学生的特点将关键问题分解为学生思考的子问题串。为了促进学生开展有意义学习，需要将问题串设计为有意义的学习任务序列，并提供相应的资源和工具支持。在此过程中，还需要开展持续性评估，以反思并进行必要的调整。当然，这些过程并不是线性的，它们交织在一起，共同促进学生的意义理解和自主迁移。

3.3.3 基于全面发展观的跨学科主题教学

"跨学科"一词起源于国外，最早是由伍德沃思提出来的：跨学科是超越一个已知学科的边界而进行的涉及两个或两个以上学科的研究领域。

2022 年版课程标准对小学数学"综合与实践"领域提出了"跨学科学习""主题式学习"等新要求，力求培养具备跨学科素养与综合实践能力的创新型人才，促进学生问题意识、应用意识和创新意识的发展，进而培育学生的核心素养。结合 2022 年版课程标准中的相关要求，将"主题式教学"界定为：以主题为中心，围绕中心主题构思一系列子主题教学活动，创设相应的学习情境，让学生在发现、提出、分析和解决问题的过程中，积累活动经验，感悟思想方法，提高解决实际问题的能力，形成数学核心素养的教学活动。

以"水是生命之源"实验课为例。

1. 主题设计

在自然环境中，水是人类乃至生物生存的关键因素，其也因此被誉为"生命之源"。我国是人口大国，相对来说淡水资源比较匮乏，仅占全世界水资源的 7%，属于严重缺水国家。在此背景下，节约用水、杜绝浪费理应成为人们的共识，然而日常生活中浪费水的现象大量存在。因此，有必要引导学生借助数学知识与方法了解浪费水现象背后蕴含的惊人数据及其危害，进而引起对水资源使用与保护等的关注和重视，加强学生的环保意识。我们以"水是生命之源"作为小学数学第三学段"综合与实践"领域的中心主题。将中心主题分解为"淡水资源知多少""用水习惯大调查""生命之源——滴水实验""制定节水方案"四个子主题。

首先，"淡水资源知多少"要求教师指导学生查找我国淡水资源的分布、储备等基本情况资料，搜集并整理相关信息；其次，"用水习惯大调查"作为一项实践活动，需要学生合作设计调查方案，走访了解周围人们生活中的用水习惯，根据信息发现并提出问题；再次，"生命之源——滴水实验"是一节实验课，需要学生根据上一活动涉及的用水习惯，设计滴水实验，获得相应数据。最后，"制定节水方案"要求教师引导学生结合前面的调查与探究结果，尝试制定节水方案并交流成效。

2. 目标设计

1）总体目标

知识与技能：了解水、淡水资源、"南水北调"工程、城市生活用水的处理等基本情况；学会搜集和记录信息、调查和统计信息、收集实验数据的方法；能设计调查方案、实验方案并完成实验报告，能制定行动方案并实施。

过程与方法：小组合作经历搜集并处理信息、发现并提出问题、开展实验获得数据、设计方案解决问题的过程，培养搜集和整理信息的能力、提出和解决问题的能力、实验操作能力、运用数学及其他学科知识解决实际问题的能力、团队合作与沟通能力。

情感态度与价值观：提高对数学学习的兴趣，感悟数学与生活之间的密切联系；体会数学与生物、地理等学科之间的联系；形成对数学的应用意识，提升创新意识；加深对水资源保护等社会问题的关注与理解；培养节约用水的责任意识及习惯。

2）分级目标

（1）通过改进实验器材、操作滴水实验，借助实验数据推算一个没有拧紧的水龙头一年大约浪费多少水。

（2）经历分析问题、提出猜想、初步实验、改进实验器材的过程，提高实验数据的准确性和可靠性，体会数学实验的严谨性和科学性。

（3）结合实验数据和我国水资源的具体情况，让学生感受到水资源的匮乏，增强节约用水的责任意识。

3. 内容设计

"水是生命之源"主题活动结构如图3-7所示。

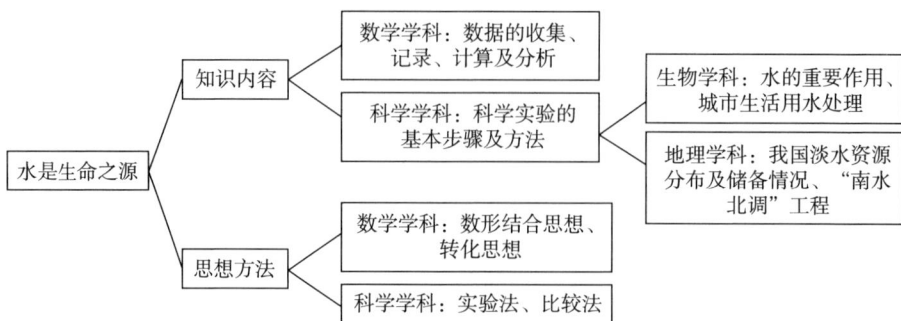

图 3-7 "水是生命之源"主题活动结构

4. 问题设计

问题设计如图 3-8 所示。

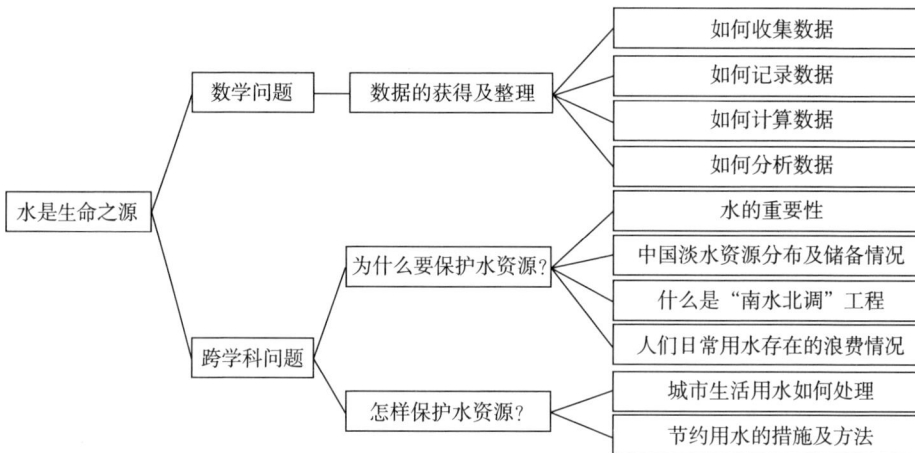

图 3-8 问题设计

5. 过程设计

（1）聚焦问题——关注生活现象。

问题：一个没拧紧的水龙头，一年大约浪费多少水呢？

（2）转化问题——发展理性思维。

转化：真的要让水龙头滴一年吗？那可以怎样解决这个问题呢？请把你的想法与同桌交流。

（3）学科融合——丰富目标。

追问：那怎样才能得到一分钟大约能滴多少水的数据呢？

生：做实验。

师：你们打算怎样做实验呢？真的要用一年的时间吗？

老师一系列的追问激发了学生积极探索真相的欲望。教师组织学生小组内交流，最后汇报。可以先探究一分钟的滴水量，再推算出一年的滴水量。

师：请小组内讨论、交流、设计具体的实验方案。

实验方案示例如图3-9所示。

实验名称	滴水实验
实验人员	欧阳鸿森,朱嘉芮,徐响恩,王奕辰
实验工具	输液装置,接水瓶,量筒,秒表
实验步骤和方法	1.将输液瓶内加入适量水。 2.调整水阀,让流出的水是滴水状态。 3.将输液管出口放入接水瓶,同时计时开始。 4.将接水瓶的水倒入量筒内测量。
实验分工	欧阳鸿森:加输液水,固定输液瓶。 朱嘉芮:调整水阀。 徐响恩:计时。 王奕辰:测量水量并记录数据。

实验名称	滴水实验
实验人员	陈婉宁,谈一诺,张星宇,严媛媛
实验工具	量筒,秒表
实验步骤和方法	1.将水龙头打开,调整到滴水状态。 2.将量筒放在水龙头下方,并开始计时。 3.观察量筒数据并记录数据。
实验分工	谈一诺:打开水龙头,调到滴水状态。 张星宇:将量筒放在水龙头下方。 严媛媛:计时。陈婉宁:记录数据

实验名称	滴水实验
实验人员	陈起帆、严媛媛、柯佑辰、谈一言
实验工具	纸杯,牙签,接水瓶,量筒,秒表
实验步骤和方法	1.将一次性纸杯装满水。 2.将纸杯放在接水瓶的正上方,用牙签将一次性纸杯底部扎孔,水流下时,按秒表计时。 3.1分钟结束后将纸杯移走,将收集到的水倒入量筒内测量。
实验分工	陈起帆:拿一次性纸杯 谈一言:计时 严媛媛:扎孔 柯佑辰:收集,记录数据

图3-9 实验方案示例

学生根据滴水实验方案进行实验（图3-10）。

（4）发展推算，提升核心素养。

实验操作结束后，学生进行数据的展示和分享（图3-11）。

学生提问：为什么不同组的滴水量不一样呢？

图 3-10　学生做实验

	实验报告
实验数据	一分钟收集滴水量20mL
计算过程与结论	一年滴水量 20×60×24×365=10512000(mL)

	实验报告
实验数据	一分钟收集到的滴水量为23mL
计算过程与结论	一年的滴水量： 23×60×24×365 =12088800(mL)

	实验报告
实验数据	一分钟收集滴水量18mL
计算过程与结论	一年滴水量： 18×60×24×365 =9460800(mL)

图 3-11　数据展示示例

教师指出，是由于不同组水龙头滴水速度不一样。

根据以上数据，结合学校有 3 个水龙头漏水，推算出 30 万所学校全年大约浪费多少水。

以一年滴水量最少的数据进行计算，计算过程及结果如图 3-12 所示。

如果按照小组数据中滴水速度最少的计算，30万所学校全年大约要浪费多少水？

$$3×9460800=28382400(mL)$$
$$28382400×300000=8514720000000(mL)$$

答：全年大约浪费水8514720000000mL。

图 3-12　计算过程及结果

（5）"五育并举"促进学生全面发展。

师：观看《滴水成河》视频后，对于节约用水你有什么好办法？

建构跨学科理念下小学数学"综合与实践"领域主题式教学设计的流程框架，设计相关案例并展开实践应用，从而助推 2022 年版课程标准理念有效落地，也为小学数学"综合与实践"领域主题式教学的设计与实施提供借鉴参考。

3.4　课堂重建，学会数学学习

3.4.1　搭建体现学生真实学习的学习场域

要实现深度教学，教师需要从数学知识的本质出发，从整体把握教学目标，基于数学知识产生的过程设计活动。这样的活动设计需要学生置身于真实学习的学习场域。一个真实学习的学习场域，是一个基于数学知识本质，能使学生对客观世界充满好奇，并为之付出努力探索的场域，是学生之间积极合作、热烈响应、共同进步的场域。置身于这样的场域中，学生亲历数学知识产生的过程，体会数学知识的价值，建立数学学科内各知识的联结，甚至建立跨学科知识联结，实现深度教学。

要搭建体现学生真实学习的学习场域，首先，需要学生与教师之间形成互相尊重、互相信任的融洽氛围。教师场景下的师生关系，或以教师为权威，或放纵学生，或民主和谐。显然，在民主和谐的师生关系氛围下，学生才能融入教学情境，表达真实自我，实现真实学习。这就要求教师需要将学生置于学习的主体地位，进而建立良好的课堂教学关系，形成和谐的课堂教学氛围，铺垫轻松的课堂对话环境。其次，有了轻松的学习氛围，更需要有适合学生进入学习状态的学习情境。为实现深度教学，学习情境一定是真实、简单、能激发学习热情的情境。这样的情境设计，对教师提出了很高的要求。教师需要从数学知识的本质出发，寻找能链接教学目标的真实情境。在轻松的课堂教学氛围中，在真实的教学情境下，学生自然能激发学习热情，积极投入，为深度学习做好铺垫。

例如，"平均数的再认识"一课的片段如下。

出示情境：

2005年公布的《合肥市公共汽车乘车规则》中规定：乘客可以免费携带一名身高1.2 m以下的儿童乘车，超过一名的按超过人数购票。身高1.2 m（含1.2 m）以上的儿童购全票。

2014年修订的《合肥市公共汽车乘车规则》规定：乘客可以免费携带一名身高1.3 m以下的儿童乘车，超过一名的按超过人数购票。身高1.3 m（含1.3 m）以上的儿童购全票。

师：请一名同学读题。

生读题。

师：看到这些材料，你们有什么想问的？

生1：免票线是什么？

生2：免票线是怎么规定的？

生3：免票线为什么要修改？

生4：免票线为什么是改得比之前高10 cm？

师：同学们问的都是好问题。这节课我们就来研究你们的这些问题。

此主题活动方案在继续使用北师大版教材五年级下册"平均数的再认识"的主题情境基础上，选用更贴近学生生活实际的真实素材，帮助学生学习搭建更为真实的学习场域。学生在真情境中提出真问题，真正做到了让学生经历发现问题、提出问题、分析问题、解决问题的过程，积累活动经验，感悟思想方法，提高解决实际问题的能力，形成和发展核心素养。

3.4.2　创设聚焦数学素养发展的数学活动

核心素养的发展一定是建立在深度学习基础上的。仅搭建体现学生真实学习的学习场域是不够的，深度教学更需要学生能亲历数学知识产生的活动过程。教学活动的设计需要从数学知识的本质出发，从单元整体甚至跨单元整体视角把握教学目标，还需要结合学生的年龄特征梳理教学活动中可能存在的教学瓶颈，找到适合学生学情的任务，最后设计问题链，形成学生学习的任务链。像这样，从数学知识本质的上位思考并设计的任务链，更能激发学生的学习热情，帮助学生体会知识之间内在的联系，发展学生的核心素养，实现深度学习。

首先，教学活动任务链的起点应以学生为核心，调动学生学习的积极性。其次，教学活动任务链的后续衔接需要关注整体教学，引导学生建立起知识的前后联系。再次，深化教学内容，通过教学活动任务链拓宽教学广度，帮助学生关注数学知识的本质。最后，教学活动任务链坚持问题导向，让学生真正做到自主探索、合作探究，从而发展核心素养，实现深度教学。

例如，"角的度量"一课的片段如下。

师：今天我们一起来学习什么内容？

生：角的度量。

师：看到课题，你们有什么想问的？

生：度量是什么？

生：怎样度量？

师：其实度量大家并不陌生，我们一起来看看。

师：（出示 3 cm 的线段）这条线段有多长呢？

生：3 cm。

师：怎么想的？

生：它有 3 个 1 cm，是 3 cm。

师：看来，有几个 1 cm 就是几厘米。

师：（出示长方形）这个长方形的面积有多大呢？

生：6 cm²。

生：它有 6 个 1 cm²，是 6 cm²。

（动画演示 3 个 1 cm，6 个 1 cm²）

师：看来，无论是测量长度还是测量面积，我们都要先规定像 1 cm、1 cm² 这样的标准计量单位，再去数计量单位的个数，这就是长度和面积的度量。这里的 3 cm、6 cm² 就是度量的结果。角的度量也需要计量单位。

师：瞧，这有一个角，如果把三角尺上的一个角做计量单位，你能量出这个角有多大吗？

生：可以。

师：动手试一试吧！

生 1：我是以三角尺上的这个角为计量单位，∠1 跟这个角一样大。

生 2：我是以三角尺上的这个角为计量单位，∠1 有两个角那么大。

生 3：我是以三角尺上的这个角为计量单位，∠1 比这个角大一点。

师：（指着学生不一样的作品）同样一个角，为什么量的结果不同呢？

生：他们用三角尺上不同的角去做计量单位，就会得到不同的结果。

师：那怎么办呢？

生：要用同样大小的角做计量单位。

师：是的，为了准确测量角的大小，我们需要统一的计量单位。

从这个教学片段中可以看出，教师先用开放式的问题让学生成为课堂的"主人"，形成良好的教学氛围。再用线段、长方形的度量将度量本质的"种子"种在学生的心里。此时引入角的度量，从需求引出"统一度量单位"这个度量的核心任务。学生在这样的任务链中，不仅亲历了角的度量产生的过程，还感受了不同度量之间的联系，甚至对度量的本质有一定的理解。整个教学过程一气呵成，实现了培养学生核心素养的深度教学。

3.4.3 整合体现教学评一致性的学习内容

在日常的教学中，教了不等于学，学了不等于会。教师教的是书本上"冰冷"的知识和考试时的解题技巧，学生学的是死记硬背，最后的评价都只关注知识点，关注解题技巧，而没有关注学生的素养。教、学、评"各自为政"、极为松散。

为了实现学生核心素养的发展，"教-学-评"一致性受到了更多的关注。要避免教、学、评的分离现象，还得从教的本质着手，从整体把握教学目标。针对教学目标设置教学环节，制定学习目标和学习任务链，制定能考查教学目标的评价方案。从上位统一教学、学习和评价，实现"教-学-评"一致性。再深入看，要教育出符合新时代需求的人才，其最终目标就是对人的素养的培养。深度教学就是指向素养培养的教学。有效实施深度教学，就是实现"教-学-评"一致性必要方式。

3.5 拓展延伸，渗透数学文化

3.5.1 倡导数学史引入数学教学

1. 从学习视角看数学史

如前文所述，教师需要从数学知识的本质出发，从整体把握教学目标，基于数学知识产生的过程设计活动。根据学生的年龄特征，梳理活动中的教学瓶颈，优化学习路径，形成学习任务链。数学史其实就是数学知识产生的过程。当然，数学史不能在数学教学中直接使用。学生并不能在听数学史中学到数学知识的本质。但数学史中的情境以及人们对数学知识产生的需求却可以作为教学情境，让学生经历数学知识产生的过程，理解数学知识的内涵和外延。从这个角度看，数学史的学习和有效运用可以帮助学生改变学习方式，促进学生更主动地投入探究活动中，从而培养合作精神，主动思考，提升思维水平，培养推理意识和创新意识。有趣的数学故事能让学生更了解数学文化，提升数学素养，激发学习兴趣，树立学习数学的信心。

2. 从教学视角看数学史

回顾教育变迁的过程，原始社会的教育主要是部落内人与人之间互相模仿、试错与体验。农耕时代的教育是为统治阶级服务的，形式上已有教师与学生之分，内容上多以读、背为主，一些思想家会有领悟、顿悟等学习方式。工业时代的教育是为资产阶级服务的，形式上依然是教师教学生，已产生标准化学习方式，但内容上依然以听、读、背为主。如今已进入信息时代，并大步迈入智能时代，但教育形式却依旧是千年不变的师父教徒弟，班级标准化教学。作为新时代的教师，如果依然停留于知识传递的传统教育观念中，显然不是深度教学所需要的。

将数学史引入数学教学中，对教师来说也是极具价值的。首先，要想在教学中引入数学史，势必需要教师先精读、研读数学史，并有一定的自我理解，这样才能再将数学史引入教学中。这个过程也是教师进一步理解数学本质的重要过程，将极大提升教师的数学素养，有助于教师提升自身的专业水平。其次，将数学史引入数学教学中将转变传统"填鸭式"教学模式，课堂不再以课堂、教师、教材为中心，而是将学生放在教育过程的核心位置，真正做到教学以学生为中心。这样的教学，正逐步走向深度教学，它将促进教学改革，有效提升课堂效率。最后，教师在阅读与教学中，不断提升自我，直至形成新的教育教学观念。或许，打破数千年传统教学模式的新理念已在数学史的学习过程中萌芽，这些新理念将形成符合未来时代发展要求的新型数学教育观。

3.5.2 关注数学发展的时代特征

纵观当代教育，虽然社会已进入信息时代，并大步迈入智能时代，但教育形式却依旧是千年不变的师父教徒弟，班级标准化教学。显然，教育发展早已落后于时代发展。

近十年来，机械手、机器人、人工智能、无人驾驶、可控核聚变、量子计算……科技创新浪潮已席卷各个行业，唯独教育新模式这块拼图一直缺失。社会需求决定教育方向。在逐步迈入智能化时代的当下，社会需求的人才究竟是什么样的呢？一定是充满自信，对世界充满好奇心，有坚定目标并有卓越的创造力，能解决实际问题的综合型人才。这也就是新时代教育的方向。

2022 年版课程标准中明确提出了个性化教育、跨学科学习、实践教育、信息技术融合、项目化学习等教学理念和方式。这些教学理念和方式解决的就是传统应试教育通过标准化教育和分科学习只能培养出机械型劳力的问题。

结合数学学科教学内容的本质，深度教学对教师提出了更高的要求，但教师不能因高要求将"数学前沿"教成了"数学超前"，提前教学不符合学生认知规律和思维规律的知识，而是应在遵循科学规律的基础上，理解数学知识背后的本质，关注知识产生的过程，自上而下设计符合当前时代特征的教学活动，鼓励学生积极参与并探索，建立知识之间的联结。深度教学所培养出来的学生，正是在实践活动中能体会知识的价值，能建立数学学科内甚至建立跨学科知识联结的学生，是符合当前时代社会需求的学生。

3.5.3 挖掘数学学习的思政教育

五育并举、德育为先。思政教育本质上也是一种教育，是为了实现立德树人，解决"培养什么样的人""如何培养人"以及"为谁培养人"的根本问题，是我们党和国家的优良传统和各项工作的生命线。在数学教学工作中，挖掘数学学习的思政教育，是深化学生学习的重要方式之一。

具体来看，在导入的例题中，引用新时代中国发展的巨大成就。例如，在认识千米的教学中可以用高铁的时速进行导入，帮助学生感受我国的大国实力。在教学某些知识点时，对比中外历史上不同数学家的成果，从时间、思路、效果等方面展示我国数学家的聪明才智。例如，在圆周率的教学中，可以将我国的刘徽、祖冲之和古希腊的阿基米德等古今中外数学家的研究成果进行对比，展现我国古代数学家超前的数学思维。在课程小结时，可以引用我国历史上数学家的数学成就，展示我国五千年的历史文明。例如，在学习乘法口诀表后，介绍我国古代的"九九歌"，当外国人还在为计算乘法发愁时，我国已能用最为简单的口诀来解决简单的计算问题。在练习中也可以穿插很多我国五千年发展中的巨大成就。例如，在认识多位数以后，可以引用三峡大坝的发电量出题，一方面可以深化学生对亿级计数单位的感受，另一方面可以引导学生感受祖国的强大。

思政教育的目的是实现各类课程与思想政治教育的同向同行，实现协同育人。在数学课堂上，从数学史中挖掘具有教育意义并能联系实际的故事内容，不论是显性结合还是隐性传递，都是一种唤醒式的育人方式。这种结合是最好的思想教育方式，它潜移默化地解决了"培养什么人""怎样培养人"以及"为谁培养人"的根本问题。把政治认同、国家意识、文化自信、人格养成等思想政治教育导向与数学课程固有的知识、方法与思想有机融合，促进了学生自由、全面的发展，充分发挥了教育教书育人的作用。

下 篇

指向核心素养的
深度教学典型案例

第4章　数与代数

4.1　数的一致性

4.1.1　整体解读

自古代的结绳计数开始，人类便对数量有了初步的认识。在日常生活中，我们常常会遇到各种类型的数，如整数、小数和分数。这些数实际上是对数量概念的抽象表达。无论是整数、小数还是分数，它们都是为了更准确地描述事物的数量关系而引入的数学工具。尽管它们的表达形式有所不同，但它们都具有内在的一致性。这种一致性使得我们在进行数学运算和推理时能够更加准确、有效地得出结论。

数的一致性体现在抽象过程和方法上。整数、小数和分数都源于现实生活，整数最先被人们使用，其次才是分数和小数。学生从实际生活经验中感受到数量及数量关系的存在，在教师的引导下逐步将现实生活中的量抽象成数，整数是从完整的物体中抽象出来的，而分数和小数都是从不完整的物体中抽象出来的。我们在教学认识数的时候，其抽象的过程都是从生活中通过对数量的感知逐步将其符号化，即用数来表示数量，让学生感受到用数这样的符号表示的这些数量可以表示出任何这些数量的物体。

数的一致性还体现在数的本质也就是计数单位的累加上。华罗庚曾说过："数源于数。"数是数出来的，所谓的数其实就是在数计数单位而已，无论是整数、分数还是小数，我们都是在计量它们的计数单位。对于整数、分数和小数而言，其本质就是不同计数单位的累加。整数是由整数的计数单位如一、

十、百、千、万等累加而成的，分数是由分数的计数单位如二分之一、三分之一、四分之一等累加而成的，小数是由小数的计数单位如 0.1、0.01、0.001 等累加而成的，虽然整数、分数和小数的计数单位是不一样的，但它们的本质都是由各自的计数单位组成，这是一致的。

4.1.2　课标解读

2022 年版课程标准明确指出"数与代数"教学要"初步体会数是对数量的抽象，感悟数的概念本质上的一致性，形成数感和符号意识"。数感和符号意识是核心素养的重要组成部分。数感主要是指对于数与数量、数量关系及运算结果的直观感悟，能够在真实情境中理解数的意义，能够表示物体的个数或事物的顺序。而符号意识主要是指能够感悟符号的数学功能；知道符号表达的现实意义，能够初步运用符号表示数量、关系和一般规律。在数的抽象和数的表达中，恰恰充分体现了数感和符号意识的培养。这部分内容贯穿小学阶段的三个学段，是比较重要的内容。第一学段学业要求：能用数表示物体的个数或事物的顺序，能认、读、写万以内的数；能说出不同数位上表示的数值；能用符号表示数的大小关系，形成初步的数感和符号意识。第二学段学业要求：能结合具体实例解释万以上数的含义，能认、读、写万以上的数，会用万、亿为单位表示大数；能直观描述小数和分数，能比较简单的小数的大小和分数的大小，形成数感、符号意识和运算能力。第三学段学业要求：能用直观的方式表示分数和小数，能比较两个分数的大小和两个小数的大小；会进行小数和分数的转化；能在实际情境中运用小数和分数解决问题，进一步发展符号意识和数感。

4.1.3　课例研究

课例 1："认识更大的数"教学实录

📚 教学内容

苏教版小学数学四年级下册第二单元第一课时，教材第 10、11 页。

📚 内容解析

本节课是"数与代数"领域中"数与运算"方面的教学内容。本节课是在认识万以内数的基础上进行教学的，教学过程中将沿着计数单位的创造继续拓展，以十进制计数法为依托组织学生开展探索性的认数活动。通过具体情境认识万以上的数，在引导学生认识"十万"的基础上，类比推理出更大的计数单位，从而把握认识数的本质就是认识计数单位这一核心思想，培养学生的数感、符号意识。

学情分析

在本节课之前，学生已经在认识万以内数的学习中经历了数的认识过程，积累了一定的数感，具有"位值制""十进制"的迁移能力。课堂前测问卷（共 230 人）的整体结果显示：学生已经具备了一定的数感和符号意识，具有一定的迁移、推理能力，对认识更大的数有相关知识和学习经验。然而从前测中也发现部分学生对本节课知识的认知和核心素养发展存在着一些困难和问题。例如，学生对数的意义存在着疑惑，不能很好地从直观模型中抽象或表示数，"数"与"形"之间对应关系还没有得到很好的建立。对大数计数单位的认知虽然有生活经验，但对十进关系认识得不够突显和清晰。除此之外，学生的迁移能力和推理意识也有待提高。

教学目标

（1）认识万级计数单位，了解十进制计数法，掌握亿以内数位顺序表，理解数的意义。

（2）经历计数单位的创造过程，整体感知相邻计数单位之间的关系，培养学生知识迁移和推理的能力，发展学生的符号意识。

（3）联系生活实际体会大数在生活中的广泛应用，培养学生的数感，提高对学习数学的兴趣和自信心。

教学重难点

教学重点：理解计数单位的建构过程，掌握数的意义。

教学难点：建立对计数单位的数感体验。

教学过程

一、找准立足点，唤醒知识经验

师：《三字经》是我国传统的儿童启蒙教材，内容包括很多上至天文下至地理的知识，还有很多有趣的民间传说。书中记载着这样一句话："一而十，十而百。百而千，千而万。"看到这句话你们能想到哪些与数学相关的内容？

生1：10个一是十，10个十是一百，10个一百是一千，10个一千是一万。

师：这里有一个计数器，刚才提到的个、十、百、千、万是什么？

（教师展示计数器）

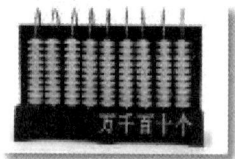

生2：个、十、百、千、万是计数单位。

师：对照计数单位，请在计数器上拨出"4121"，并讨论如下问题：

① 你是怎么拨的？

② 你知道这个数中每个数字的含义吗？

③ 两个相同的数字1，表示的数值相同吗？

【设计意图】 对于学生而言，认识更大的数并不是零起点学习。通过《三字经》帮助他们回顾相邻计数单位间的进率，再通过拨一个万以内的四位数感受数与计数单位的联系，巩固位值制。以上活动有效唤醒了学生已有的知识经验，为新知识的学习提供了一个良好的"脚手架"。

二、抓住关键点，促进知识迁移

（一）动手操作，引发需求

师：请同学们再拨出这个数——34121，并说说你们是怎么做到最快拨出这个数的？

生1：它比刚才的数在万位上多一个3，在万位上再拨3个珠子就可以了。

师：这个3表示什么？你是怎么知道的？

生2：这个3表示3个万，因为它对应的计数单位是万。

师：你们能借鉴刚才拨珠的经验，快速拨出这个数——134121吗？

（学生动手拨珠）

师：这是一个我们没有学习过的大数，关于这个数你们有什么想知道的？

生1：新拨的这个1表示多少？

生2：这个1在哪一位上？

生3：每个数字的含义是什么？

生4：它怎么读？

（教师在计数器上展示计数单位：十万）

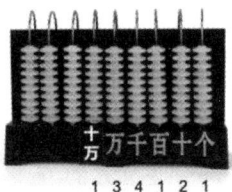

师：有了这个计数单位现在能解决你们的一些疑问吗？

生1：可以，只要知道每个数字对应的计数单位，就能进一步认识这个数。

【设计意图】面对新问题时产生的需求是学习新知的最佳动力。通过拨一个六位数促使学生产生认识新计数单位的需求，使学生初步体会只有认识更大的计数单位才能认识更大的数，梳理计数单位与数的本质的关系。

（二）多维活动，掌握十万

（1）数：在计数器上数出十万

师：刚才我们认识了一个新的计数单位——十万。你们能在计数器上一边拨珠一边一万一万地数，一直数到十万吗？

生1：我在万位上一万一万地数，直到万位上拨了10个珠子，数出十万。

生2：我先在万位上一万一万地拨，最终在十万位上拨了1个珠子表示十万。

师：你们支持哪一种拨法呢？

生1：如果在万位上拨10个珠子表示十万，那十二万、十五万、二十万就不好表示了。

生2：当万位上数到第10个珠子时，应当把10个珠子拨回，再在十万位上拨一个珠子表示十万。

师：看来同学们都支持第二种拨法，现在请同学们跟着老师一起一边拨珠一边一万一万地数到十万。

（全班齐拨齐数）

师：联系刚才数一数的过程，谁能说说一万和十万的关系？

生1：10个一万是十万。

师：反过来可以怎么说？

生2：十万是10个一万。

（2）看：十万有多大

师：十万究竟有多大？我们用小方块一起数一数、看一看，并说说你们有什么感受。

（用第纳斯方块动态呈现十万的形成过程）

生1：十万是一个很大很大的数。

师：今天我们就一起来认识一些更大的数。

（板书课题）

【设计意图】 十进制计数法是创造计数单位的抓手。"数十万"在巩固十进制的同时，让十万与万建立联系，而"看十万"可以丰富学生对计数单位表象的认知，建立数与形之间的对应关系，培养学生的符号意识。同时通过数小方块感受十万的真实数量，发展学生的数感。这些活动不仅丰富了学生对十万的感知，更是对十进制计数法不同形式的巩固，让接下来推理百万、千万的活动更加顺理成章。

（三）类比推理，认识千万、百万

师：十万比万大，10个一万是十万。还有比十万更大的计数单位吗？我们不妨在计数器上十万十万地接着往下数。

师：一百万怎么在计数器上表示？

生1：要在这个计数器上表示一百万需要一个新的计数单位，可以在计数器上十万的左边标上百万，拨一个珠子表示一百万。

师：通过刚才数数的过程，我们又认识了一个新的计数单位——百万。同学们真了不起，不仅能通过计数单位了解数的含义，还能自己发现更大的计数单位。

师：还有比百万更大的计数单位吗？你们打算怎样去发现呢？请同学们在小组内合作探究。

【设计意图】 将计数单位百万和千万进行整合探究，从整体上理解计数单位及其关系。引导学生运用迁移和类比推理，依据计数单位间的十进关系，创造和理解计数单位百万、千万，使得学生对计数单位的认知学习具有连贯性，促进学生整体性思维的发展。

三、补充留白点，完善知识结构

师：通过刚才的学习，我们在个、十、百、千、万的基础上又认识了 3 个新的计数单位，你们能在下面的表格中把它们填在合适的位置吗？

计数单位	……	？	？	？	万	千	百	十	一（个）

师：每相邻两个计数单位之前有什么关系？万和千万可以换位置吗？

生 1：每相邻两个计数单位之间的进率是 10，所以每个计数单位的位置都不可以调换。

师：计数单位按一定的顺序排列起来，它们所占的位置叫作数位。你们能在作业单上照样子写出十万、百万、千万对应的数位吗？

数位	……	？	？	？	万位	千位	百位	十位	个位
计数单位	……	千万	百万	十万	万	千	百	十	一（个）

（学生独立完成，教师板演）

师：我们把含有数位、计数单位等信息的表格称为数位顺序表。请对照数位顺序表在虚线上写出一个比它位数更多的数。

数位顺序表

数位	……	千万位	百万位	十万位	万位	千位	百位	十位	个位
计数单位	……	千万	百万	十万	万	千	百	十	一（个）
		1		3	4	1	2	1	

师：你们知道自己写的数表示多少吗？

生1：我写的数表示1个百万、3个十万、6个万和4个千。

生2：我写的数表示9个千万。

师：虽然我们从没学过这些大数，但是因为认识了每一个数字对应的计数单位，就能认识这个数的含义，知道这个数表示多少。我们要认识更大的数就要先认识更大的计数单位。

【设计意图】数位顺序表是认数、读数、写数的"金钥匙"，而计数单位是数位顺序表的"金钥匙"。理解相邻计数单位的关系就可以掌握数位顺序表的结构和规律，通过计数单位推理数位，完善数位顺序表。

四、把握衔接点，建构知识体系

师：请同学们看一看自己写出的更大的数，对这个数你们还有什么想了解的吗？

生1：这些数怎么读？

师：说起读法，我们还要在数位顺序表中补充一项——数级。按照我国的计数习惯，从右边起，每四位为一级。从个位开始，这四位是个级；从万位开始，这四位是万级。

数位顺序表

数级	……	万级				个级			
数位	……	千万位	百万位	十万位	万位	千位	百位	十位	个位
计数单位	……	千万	百万	十万	万	千	百	十	一（个）
		1	3	4	1	2	1		

师：数级和这些大数的读法又有什么样的关系呢？计数单位对大数读法的学习有帮助吗？下一节课我们将一起继续探究更大的数。

【设计意图】数的意义与数的读写存在着本质联系，也就是对计数单位及其个数的表达。所以在本节课的最后通过数级将数位顺序表、计数单位与数的读写串联起来，引导学生在下一节课继续进行结构化的学习。基于此，为遵循合理的教学安排，在完成本节课的探究后，学生紧接着学习数的读写，带着对计数单位的理解和对数本质的感悟继续认识更大的数。

课例2："小数的初步认识"教学实录

教学内容

苏教版小学数学三年级下册第八单元，教材第87、88页。

内容解析

本节课是"数与代数"领域中"数的认识"方面的教学内容。"小数的初步认识"是在学生认识了万以内的数，会计算三位数的加减法，初步认识了分数，会计算简单的同分母分数加减法，并且学习了常用的计量单位的基础上进行的。让学生在熟悉的情境中感知小数，借助直观、半直观的模型，感受小数与十进分数之间的关系，初步认识小数，比较小数的大小。

学情分析

小学三年级的学生对于小数并不是全然不知，在日常生活中已经有所接触，但由于小数是分数的另一种表现形式，其意义具有一定程度的抽象性。学生虽然对分数已有了初步的认识，也学过长度单位、货币单位间的进率，但理解小数的含义还有一定的困难。因此，理解小数的含义（一位小数表示十分之几）既是本课时的重点，也是难点。通过前测发现学生都已经会比较小数的大小，只是部分学生说不清楚比较大小的依据。因此，将小数的初步认识与大小比较融合在一节课中，抓住小数与分数之间、小数与整数之间的联系，利用知识迁移，重视直观引导，多元表征进行学习。

教学目标

（1）结合具体情境和几何直观图，初步体会小数的含义，能认、读、写不超过两位的小数，知道一位小数表示十分之几，会比较小数的大小。

（2）通过观察思考、比较分析、综合概括等活动，借助货币单位来沟通小数与十进分数的联系，以及小数的大小比较，发展数感、几何直观等核心素养。

（3）提高学习数学的兴趣，感悟数学文化的魅力，体会生活中处处有数学。

📚 **教学重难点**

教学重点：理解小数的含义，会比较小数的大小。

教学难点：引导学生在观察、比较中发现分数与小数的联系。

📚 **教学过程**

一、在真实情境中认识小数

师：听说过小数吗？数学来源于生活，让我们走近生活看一看。

生：听过。

（出示情境图，依次读小数并交流场景）

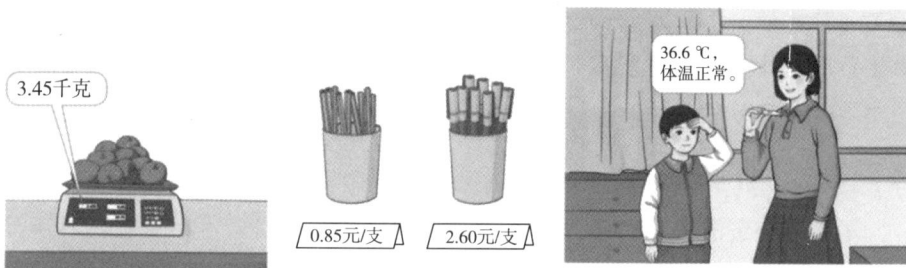

师：试着读一读。

生1：苹果重3.45千克。

生2：铅笔每支0.85元，圆珠笔每支2.60元。

生3：36.6摄氏度，体温正常。

师：像3.45、0.85、2.60和36.6这样的数叫作小数。

师：认真观察这些小数与我们之前学过的数，你们有什么发现？

生：它们中都有一个小圆点。

师：这个小圆点，在小数中叫作小数点，小数点是小数重要的标志。小数点左边是整数部分，右边是小数部分。3.45整数部分是3，小数部分是0.45。

（板书：3.45 读作三点四五）

师：读小数时，小数点左边按整数的读法来读，右边就像读电话号码一样，依次读出每个数字。我们明确了小数的读法，谁能准确地再来读一读。（出示情境图）

高度：2.75米
非洲鸵鸟是世界上现存最大的鸟。

高度：5.8米
长颈鹿是陆地上现存最高的动物。

高度：3.5米
体重：5.25吨
非洲象是陆地上现存最大的动物。

生1：非洲鸵鸟是世界上现存最大的鸟，高度二点七五米，整数部分是2，小数部分是0.75。

生2：非洲象是陆地上现存最大的动物，高度三点五米，整数部分是3，小数部分是0.5。体重五点二五吨，整数部分是5，小数部分是0.25。

生3：长颈鹿是陆地上现存最高的动物，高度五点八米，整数部分是5，小数部分是八。

【设计意图】由生活情境引入小数，并将小数从生活中抽象出来，呈现出没有单位的小数，明确小数的读法，感受小数的广泛应用。再通过三个层次读小数，学习并巩固小数的读法，还渗透了以米作单位的小数的实际意义。

二、聚焦问题，展开真实学习

师：认识小数，光知道它长什么样子，会读、会写远远不够。小数是怎么产生的呢？接下来的研究从一个真实问题开始。

（出示例1）

乘坐火车时购买儿童
优惠票的相关规定

● 身高达到1.2米且不足1.5米的儿童，应当购买儿童优惠票。

小华的身高是1米3分米，需要购买儿童票吗？

（学生获取信息，发现问题）

师（提问）：小华身高 1 米 3 分米，需要购买儿童票吗？要解决这个问题，关键在哪里？

生：1 米 3 分米只用"米"作单位怎样表示。3 分米＝（　　）米。

师：（神秘）要想知道 3 分米等于多少米，我们先从 1 分米等于多少米开始研究！

（一）认识 0.1 米

（出示课件）

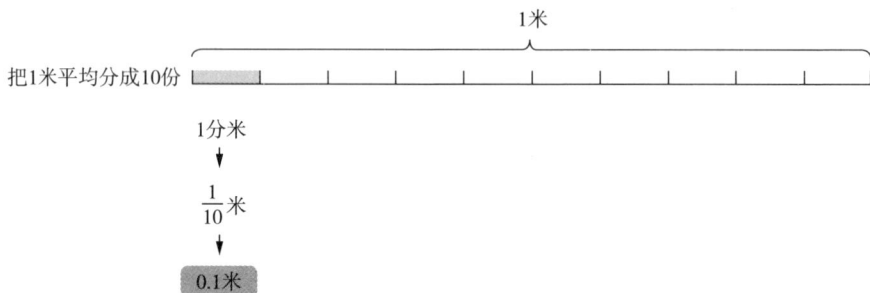

师：把 1 米平均分成 10 份，每份是 1 分米，1 分米是 1 米的 $\frac{1}{10}$，也是 $\frac{1}{10}$ 米，还可以写成 0.1 米。

（生生交流：0.1 米是如何产生的）

（师引导，并返回图中）

师：你还能找到其他的 0.1 米吗？

生（找完并恍然大悟）：这里的每一份都是 $\frac{1}{10}$ 米，也就是 0.1 米。

（二）认识 0.3 米

师：3 分米是多少米呢？你们能像刚才那样说一说吗？

生：把 1 米平均分成 10 份，其中的 3 份是 3 分米，3 分米是 1 米的 $\frac{3}{10}$，也是 $\frac{3}{10}$ 米，还可以写成 0.3 米。

师：除了 0.3 米，在图上你还能找到零点几米？（追问：怎样想的）

生 1：0.5 米。

生 2：0.8 米。

（学生边写边说，记录在黑板上）

（三）理解 1.3 米

师：小华的身高是 1 米 3 分米，用米作单位又该如何表示呢？

（先独立思考，再与同桌交流）

生：3 分米能写成 0.3 米，1 米和 0.3 米合在一起是 1.3 米。

师：1 和 3 分别表示什么？

生：1 表示 1 米，3 表示 3 分米。

【设计意图】从真实问题出发，精心设计素材，让学生有了研究小数的场域和载体，再联系线段图，数形结合，让孩子充分经历把 1 米平均分成 10 份的过程，初步理解小数的本质。

三、自主迁移，实现学习进阶

（一）自主迁移

师：刚才我们在 1 米中找到了 0.1 米，进而认识了 0.3 米，又理解了 1.3 米，根据刚才的学习经验，你能在 1 元中找到 0.1 元吗？

（出示课件）

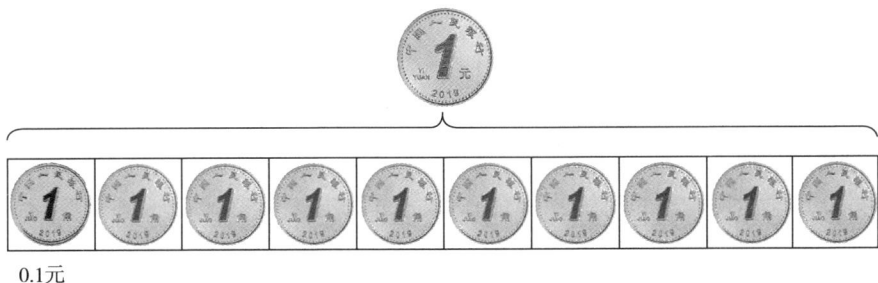

0.1 元

生（边指边说）：把 1 元平均分成 10 份，每份是 1 角，1 角是 1 元的 $\frac{1}{10}$，是 $\frac{1}{10}$ 元，也就是 0.1 元。

师：带着刚才的学习经验和体会，自主完成任务单。

（独立完成，全班交流）

生 1：5 角是 $\frac{5}{10}$ 元，还可以写成小数 0.5 元。

生 2：一本笔记本的价格是 8 元 5 角，写成小数是 8.5 元。

（学生在交流中完善认知）

（二）类比反思

（出示课件）

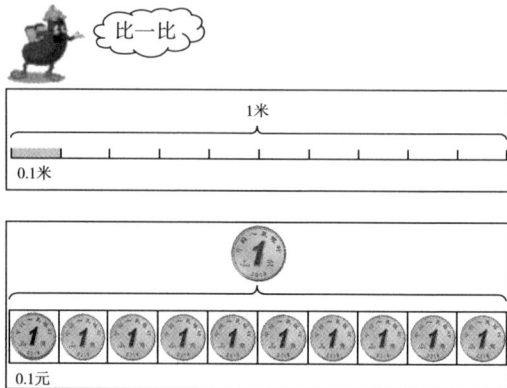

师：回顾刚才的学习过程，我们把 1 米、1 元平均分产生了小数。小数究竟怎么产生的呢？

生 1：都是平均分成 10 份，每份就是 0.1。

生 2：我们把 1 米平均分成 10 份，找到了 0.1 米；我们把 1 元平均分成 10 份，找到了 0.1 元。

追问：你还能想到哪些 0.1？

（出示课件）

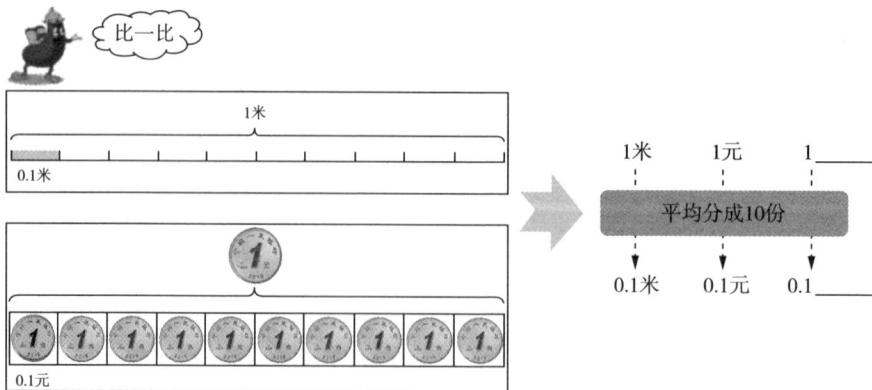

生 1：把 1 千克平均分成 10 份，找到了 0.1 千克。

生 2：把 1 吨平均分成 10 份，找到了 0.1 吨。

生 3：把 1 厘米平均分成 10 份，找到了 0.1 厘米。

……

师：他们说得都有道理吗？

生：有。

师：这几个同学表述得不同，为什么说得都有道理呢？

（组内交流）

生：因为它们都被平均分成了 10 份，与量的大小没有关系。

师：看来，重要的不是平均分成 10 份后每份是多少（重量、长度或者时间），而是只要把整数 1 平均分成 10 份，其中的几份就表示十分之几，也就是零点几。真好，我们分着、分着就厘清了整数、分数和小数之间的关系。

【设计意图】从米制系统迁移到货币系统，它们都具备十进关系。在本活动中，教师充分放手，让孩子自主探究，并把侧重点放在带小数的学习上，同时渗透用米作单位的小数的实际含义。

四、精进练习，实现可见成长

（一）在"数"中感受小数产生的价值

师：我们把正方形看成整数 1，平均分成 10 份，每份怎么用分数表示？每份怎么用小数表示？

生 1：$\frac{1}{10}$。

生 2：0.1。

师：根据刚才学习经验，独立完成练一练。

（出示课件）

（练一练）把下面各图中涂色的部分用分数或小数表示出来。

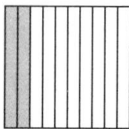

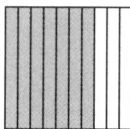

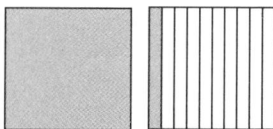

分数：_____　　_____　　_____

小数：_____　　_____　　_____

生 1（完成并汇报）：用分数表示是 $\frac{2}{10}$，用小数表示是 0.2。

生 2：用分数表示是 $\frac{7}{10}$，用小数表示是 0.7。

（在巡视的过程中，发现一个学生的答案是 2.9）

生 3：2.9。

（同学们发出了惊讶的声音）

生 4（问生 3）：为什么是 2.9？应该是 1.1 呀。

（生 3 边写边说）

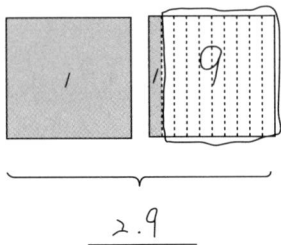

生 4：这两个 1 不一样，第二个 1 是这个正方形平均分成 10 份后的 1 份，你要相加的话，也要把前面的正方形平均分成 10 份才行。

生 5：题目要求是把涂色部分用小数表述，空白部分不用表示，你没有看清题目的要求。

生 3（垂头丧气）：我错了。

师：错得好！我们把最热烈的掌声送给他（生 3），正因为他的错，让我们明白了这两个 1 意义不一样，又因为他的错，提醒了我们要认真读题。同时他勇于承认自己的错误并改正，让我们为他的勇气点赞。

师：刚才有同学提到要把这个正方形平均分成 10 份，让我们一起数一数。

生：0.1、0.2、0.3、0.4、0.5、0.6、0.7、0.8、0.9。

（有的学生数 1，有的数 1.0）

师：通过刚才数的过程，你们发现小数的计数规则与整数的计数规则有什么相同的地方呢？

生：它们都是满十进一。

（板书：满十进一）

师：我们数着数着，就数出了小数产生的价值——它能像整数的计数规则一样，满十进一。

（二）形变"神"不变

（出示课件）

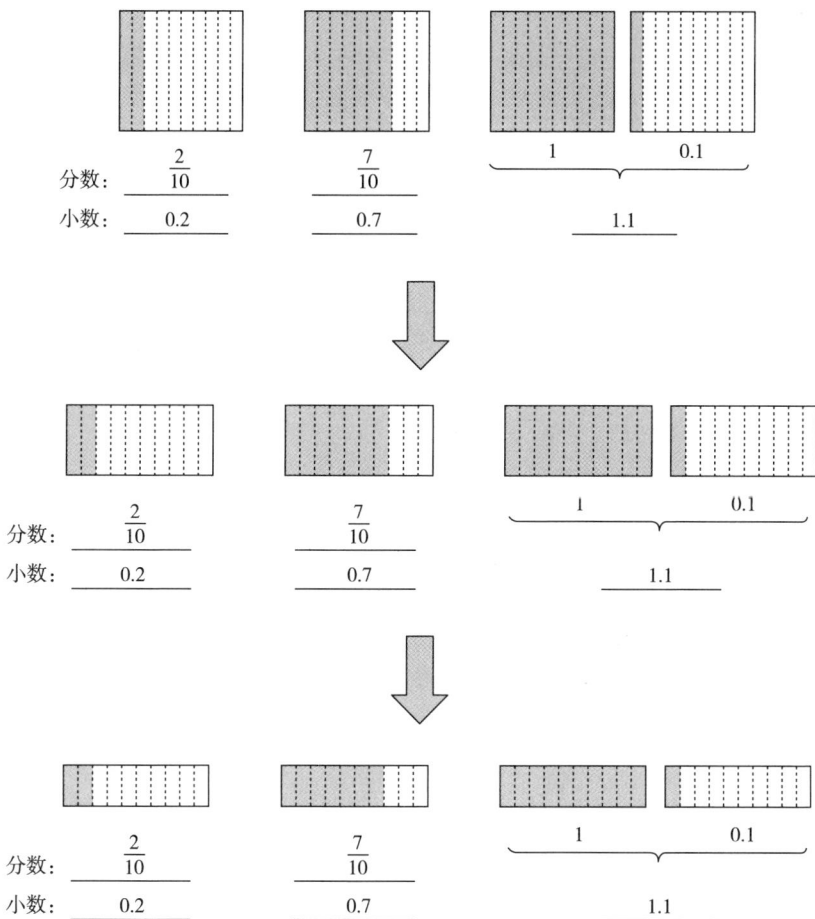

师：现在还能用这些小数来表示吗？为什么？

生：因为它们都是平均分成10份。

生：只要平均分成10份，不管它是正方形还是长方形，都可以用这些小数表示。

（三）在抽象中升华

（出示课件）

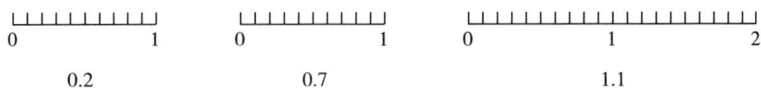

| 0.2 | 0.7 | 1.1 |

师（边变边问）：如果这个刻度记作 0，你还能找到 0.2、0.7、1.1 所在的位置吗？

生 1（边找边指边说）：这是 0.1，这个点就表示 0.2。

生 2：这里有 7 个 0.1，这个点就是 0.7。

生 3：这里是 1，往后再数 1 个 0.1，就是 1.1。

（把这三段合在一起成一条数轴，出示课件）

师：现在还可以用这些数来表示吗？

生 1：0.2 可以，0.7 和 1.1 不行。

生 2：它在 1 和 2 之间应该是 1.7。

生 3：这个数在 3 后面一小格，是 3.1。

（出示课件）

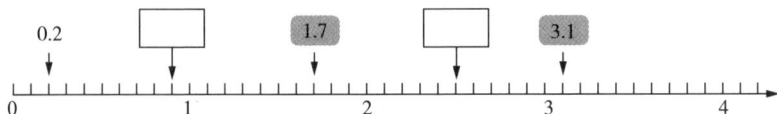

师：这两个方框又表示多少呢？

生 1：这表示 0.9，因为它在 1 的前面一小格，所以是 0.9。

生 2：这表示 2.5。

【设计意图】此处三个不同层次的教学设计依次完成了以下任务：引导学生进一步体会十进制的计数单位之间"满十进一"的关系；用对比的方式让学生理解小数的本质以及小数和分数之间的关系；通过在数轴上找出点对应的小数，不仅可以帮助学生理解小数的意义，还可以提升学生的数感，让学生感受小数的计数单位。

五、引发思考，为后续学习埋下伏笔

（出示课件）

练一练 7.25在哪儿？

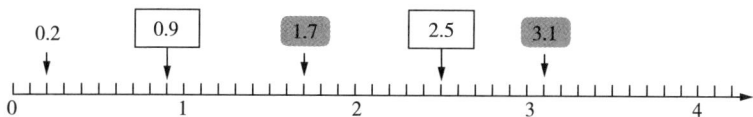

师：想象一下，7.25 又会在哪儿？

生 1：在 7 和 8 之间。

生 2：在 7.2 和 7.3 之间。

生 3：把 7.2 和 7.3 之间这一小格再平均分成 10 份，其中的 5 份就是 7.25。

师（问生 3）：为什么要平均分成 10 份呢？

生 3：因为要满十进一呀。

（学生自发鼓掌）

师：一节课的时间是有限的，小数的学习也不是一蹴而就的，7.25 究竟在哪儿？7.255 又会在哪儿？也许就像你们的校名——"行知"一样，我们在知中行，在行中知，带着你们的学习单，走出教室继续探究吧！

【设计意图】通过对一位小数的探究，学生明白了小数的本质是把计数单位进行平均分，利用数轴和数一一对应的关系，引发学生思考 7.25 所在的数轴位置，从而感受到更小的小数的存在，为后面学习两位小数、三位小数做铺垫。

课例 3："小数的意义"教学实录

教学内容

苏教版小学数学五年级上册第三单元，教材第 30、31 页。

内容解析

本单元属于"数与代数"领域的教学内容，是小学阶段第二次认识小数。从课标要求来看，该主题内容的教学通常要聚焦数感、符号意识、几何直观等核心素养的培育，把握"十进制""位值""计数单位"等核心要素，突出数的认识的一致性。

"小数的意义"位于本单元的第一课时，是单元的开启课，是在学生三年级学习了"分数的初步认识"和"小数的初步认识"的基础上来组织教学的。它是系统学习小数的开始，是理解小数四则运算法则、进行小数四则运算的基础。小数在日常生活中有着广泛的应用，也是进一步学习数学和其他学科所必需的基础知识，因此，同整数一样，小数也是小学数学教学的重要内容。

学情分析

"小数的意义"是学生在三年级学习了"分数的初步认识"和"小数的初步认识"的基础上来组织教学的，通过这一部分内容的学习，学生能进一步理解小数的意义，为今后学习小数的四则运算打好基础。学生在"小数的初步认识"这一课中，是通过借助具体的量和几何直观图来初步认识小数的；而"小数的意义"这一课时是将"量"抽象成"数"，来认识小数的意义。学生已会用小数表示具体的量，并借助线段图等模型了解了一位小数与分数之间的关系，根据学生已有的知识经验，在此基础上放手让学生自主探索，促进知识的正迁移。

教学目标

（1）借助几何直观图了解 0.1、0.01 等的产生，理解小数与分数的关系，理解计数单位 0.1、0.01、0.001。

（2）明确一位小数表示十分之几，两位小数表示百分之几，三位小数表示千分之几……知道相邻两个计数单位间的进率是 10。

（3）培养学生的迁移、类推能力以及良好的数学学习品质。

教学重难点

教学重点：认识小数的计数单位，理解小数的意义。

教学难点：理解小数的意义。

教学过程

一、回顾一位小数

师：先从我们比较熟悉的 0.1 开始。课前对同学们进行了前测，我们来看看大家对 0.1 这个小数是怎么理解的。

（出示学生作品1）

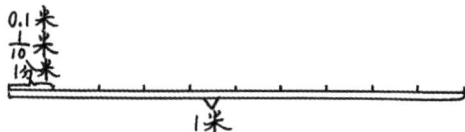

师：你能说说你是怎样想的吗？

生1：这是1米，我将它平均分成10份，其中的1份是1分米，就是$\frac{1}{10}$米，也就是0.1米。

师：同学们，你们听明白他的意思了吗？如果没有问题就鼓掌通过吧！

（出示学生作品2）

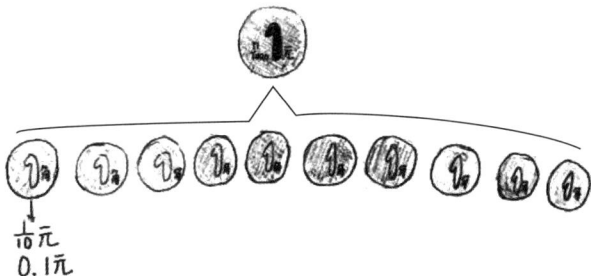

师：说说你是怎样想的。

生2：1元＝10角，我把1元钱平均分成10份，其中的1份是1角，就是$\frac{1}{10}$元，也就是0.1元。

（出示学生作品3）

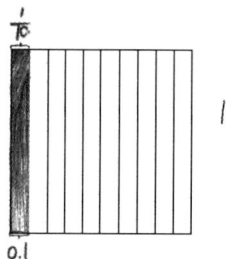

师：说说你是怎样想的。

生3：把一个正方形平均分成10份，其中的1份就是$\frac{1}{10}$，也就是0.1。

师：同学们，三个同学的表达都不一样，怎么都得到了你们的认可呢？

生1：都是将一个物体平均分成十份，取其中的一份。

师：能说得再具体一些吗？

生2：都是将1米、1元、一个正方形平均分成10份，取其中的1份就是$\frac{1}{10}$，也就是0.1。

师：太厉害了，一下就看到了问题的关键！是啊，不管是1米、1元，还是一个正方形，我们都是把它平均分成10份，其中的1份就是$\frac{1}{10}$，可以用小数0.1来表示，三年级时我们借助分数认识了小数。（边说边板书：$1 \to \frac{1}{10} \to 0.1$）

师：我们还借助刚刚这个同学的作品。（将学生作品3抽象成正方形，出示课件）

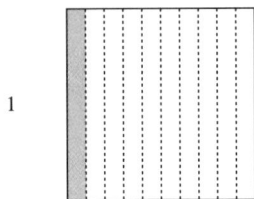

1

师：这里的涂色部分就表示0.1，在这里你还能找到其他的0.1吗？

生3：这里的每一份都是0.1。

师：这里的每一份怎么就能表示0.1呢？快和大家分享一下你的想法。

生4：我们把1平均分成10份，每一份就是$\frac{1}{10}$，也就是0.1。

师：你们真的太厉害了！那这又表示多少呢？

（出示课件）

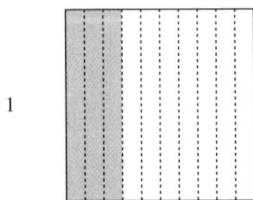

1

生5：把1平均分成10份，每一份就是$\frac{1}{10}$，也就是0.1，3个0.1是0.3。

（板书：$\frac{3}{10}$→0.3）

师：同学们，除了 0.1，在图中你们还能找到零点几吗？

生 1：我能找到 0.9，一份是 0.1，9 个这样的 0.1 是 0.9。

（课件同步显示，并板书：$\frac{9}{10}$→0.9）

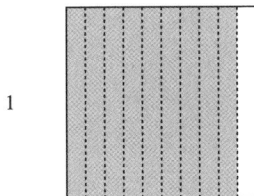

1

师：那现在空白部分是多少呢？

生 1：0.1。

（出示课件）

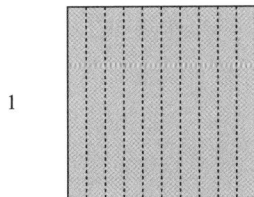

1

师：继续看，现在呢？

生 2：1。

师：在数学中，我们把像 0.1、0.3、0.9 这样，小数点后面只有一位数的小数叫作一位小数。十分之几这样的分数就可以写成一位小数，一位小数也就表示十分之几。（板书：十分之几→一位小数）

【设计意图】学生借助画一画、涂一涂、填一填等活动独立思考，通过图形直观呈现不同个体独特的思维过程，更形象地理解一位小数 "0.1" 的意义，形成几何直观素养。在生生交流时复习一位小数的意义，最后抽象出一个正方形，把一个正方形平均分成 10 份，其中的每一份都是它的 $\frac{1}{10}$，可以写作 0.1，有几份这样的 0.1 就是零点几。学生在自主探究的过程中复习一位小数的意义。

二、认识两位小数

师：同学们，刚才我们把 1 平均分成 10 份，得到了 0.1。现在我们把 0.1 再平均分成 10 份，这一个小方格表示多少呢？

（出示课件）

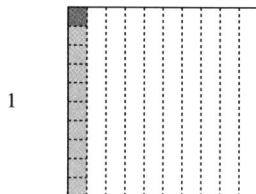

生 1：0.01。

师：能具体说一说吗？

生 1：把 0.1 平均分成 10 份，每份是 0.01。

师：你太会思考了！把 0.1 平均分成 10 份，其中的 1 份是 0.01。同学们，闭上眼睛想一想，0.01 就是把我们这个正方形平均分成了多少份呢？

生 2：100 份。

（出示课件）

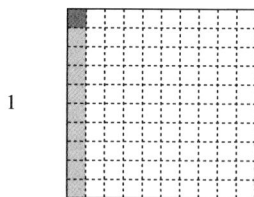

师：是这样吗？原来 0.01 是把 0.1 平均分成 10 份，其实也就是把 1 平均分成了 100 份，其中的 1 份是 $\frac{1}{100}$，也就是 0.01。（边说边板书：$1 \rightarrow \frac{1}{100} \rightarrow 0.01$）瞧，我们借助分数就能把小数的意义表达得更加清楚。同学们，那这样的 2 份是多少呢？

生 3：把 1 平均分成 100 份，其中的 2 份就是 $\frac{2}{100}$，写成小数 0.02。

师：你的意思是 1 格是 $\frac{1}{100}$，2 格就是 2 个 $\frac{1}{100}$，也就是 $\frac{2}{100}$，写成小数

0.02。（板书：$\dfrac{2}{100}$→0.02）

师：数是数出来的，继续数，0.03。你能具体说一说 0.03 表示什么含义吗？

生 4：把 1 平均分成 100 份，其中的 3 份就是 $\dfrac{3}{100}$，写成小数 0.03。

师：接着往下数。

生：0.04、0.05、0.06、0.07、0.08、0.09。

师：0.09 表示什么含义？

生 5：把 1 平均分成 100 份，其中的 9 份就是 $\dfrac{9}{100}$，写成小数 0.09。

师：0.09 里面有 9 个 0.01。如果 0.09 再增加一个 0.01，是多少呢？

生：0.10。

师：瞧，9 个 0.01 再增加 1 个 0.01，就是 10 个 0.01，10 个 0.01 就是 0.10。0.10 是一个两位小数，我们在读数的时候，小数点右边的数就像读电话号码一样，依次读出每个数位上的数就可以了。其实这里面还包含了一定的数学道理，在后面的学习中我们会进一步研究。同学们，你们能说一说 0.10 表示什么含义吗？

生 1：把 1 平均分成 100 份，其中的 10 份就是 $\dfrac{10}{100}$，写成小数 0.10。（板书：$\dfrac{10}{100}$→0.10）

师：数是数出来的，每增加一个 0.01，就往后继续数了一个小数。请继续往后数。

生 2：0.11。

师：0.11 又表示什么意思呢？

生 3：把 1 平均分成 100 份，其中的 11 份就是 $\dfrac{11}{100}$，写成小数 0.11。（板书：$\dfrac{11}{100}$→0.11）

师：这里的两个 1 表示的意思一样吗？

生 4：第一个 1 表示的是 1 个 0.1，第二个 1 表示的是 1 个 0.01。

师：你们太厉害了，同样是 1，放在不同的数位上表示的大小完全不一样。像 0.01、0.10、0.11 这样，小数点后面有两位数的小数，叫作两位小数。接着数，你还能数出其他的两位小数吗？请试着在学习单上涂一涂，填一填。

（学生独立完成后，展示并介绍作品）

生 1：0.56，把 1 平均分成 100 份，其中的 56 份就是 $\frac{56}{100}$，写成小数 0.56。

师：你数出了 56 个这样的小格，也就是 $\frac{56}{100}$，写成小数 0.56。

生 2：我数出了 80 个这样的小格，也就是 $\frac{80}{100}$，写成小数 0.80。

师：你们太厉害了！同学们，如果我们继续数下去，你知道是多少吗？
（出示课件）

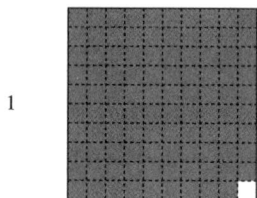

1

生：0.99。

师：0.99 表示什么含义？

生 1：把 1 平均分成 100 份，其中的 99 份就是 $\frac{99}{100}$，写成小数 0.99。

师：借助分数，我们对小数的理解更加清晰。那空白部分是多少呢？

生：0.01。

师：0.99 再增加 0.01 呢？

（出示课件）

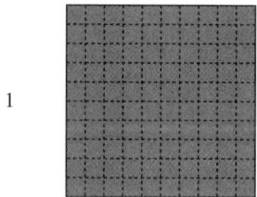

1

生：1。

师：你们有什么想说的？

生 1：把 1 平均分成 100 份，得到了 100 个 0.01，100 个 0.01 就是 1。

师：同学们，回顾刚才的学习过程，我们把 1 平均分成 10 份，得到了

0.1，我们数出了 0.3、0.9 这样的一位小数，后来我们又把 0.1 平均分成 10 份，得到了 0.01，我们数出了 0.10、0.11、0.99 这样的两位小数。想一想，什么样的分数可以写成两位小数？

生：百分之几。

师：是啊，百分之几可以写成两位小数，两位小数可以表示百分之几。（板书：百分之几→两位小数）

【设计意图】 探究新知的内驱力来自学生对真实问题的主动思考。在理解两位小数的意义时，教师基于一位小数的复习，接着出示 $\frac{1}{10}$ 中的一小格，让学生思考。学生独立思考后交流，让讨论更聚焦、更深入，由此培养学生的学习习惯，提升合作探究的能力。在生生互动中学生更形象地理解 0.01 表示的意义。学生在理解了两位小数的意义后，通过数数找到了像 0.02、0.03、0.10、0.11 这样的两位小数，感受这些小数其实就是计数单位的不断累加。通过追问 0.11 中两个 "1" 表示的意义来强化学生对位值的感受，让学生明白不同数位上的数字表示的意义是不同的。接着让学生在学习单上涂一涂、填一填，表示出心中的两位小数，进而理解数出了多少个这样的小格，就是多少个 0.01，也就是百分之几，学生逐步理解小数的意义、小数的计数单位，有助于进一步形成数感。

三、自主认识三位小数

（出示 0.001）

师：你们会读吗？0.001，这是一个三位小数（板书：三位小数）。它表示什么意思呢？我们已经研究了一位小数和两位小数，你们能带着刚才的学习经验和方法，和同桌组成一组，合作探究 0.001 吗？

（学生讨论后交流）

生 1：把 1 平均分成 1000 份，其中的 1 份是 $\frac{1}{1000}$，也就是 0.001。（板书：$1 \to \frac{1}{1000} \to 0.001$）

生 2：把 0.01 平均分成 10 份，其中的 1 份就是 0.001。

师：大家对小数的感觉越来越好了。刚刚有同学提到把这一小格 0.01 再平均分成 10 份，是这样吗？其实就相当于把这个正方形平均分成了 1000 份。

这样看起来密密麻麻的，我们可以换一种思路。这是 1 个小方块，现在是 100 个这样的小方块，一层一层加，看，现在是 1000 个。

（出示课件）

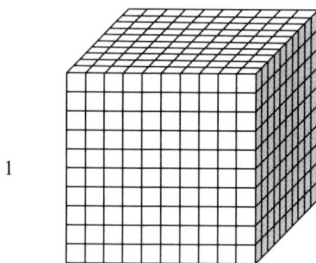

1

师：我们把这个大正方体来看作"1"，现在还能找到 0.001 在哪儿吗？

生 3：把 1 平均分成 1000 份，其中的 1 份是 $\frac{1}{1000}$，也就是 0.001。

师：3 份是多少呢？86 份呢？160 份呢？请大家拿出学习单，想一想，填一填。

> **我会填**
>
> 将"1"平均分成 1000 份，其中的 1 份是 $\frac{1}{1000}$，也就是 0.001。
>
> 这样的 3 份就是（＿＿＿＿＿），也可以表示为（　　　　　）；
>
> 这样的 86 份就是（＿＿＿＿＿），也可以表示为（　　　　　）；
>
> 这样的 160 份就是（＿＿＿＿＿），也可以表示为（　　　　　）。

（生生、师生交流）

师：大家对小数的感觉越来越好了！瞧，这表示多少呢？

（出示课件）

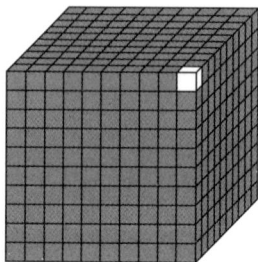

生 1：0.999。

师：说说你的想法。

生 1：把 1 平均分成 1000 份，其中的 999 份是 $\frac{999}{1000}$，也就是 0.999。

师：0.999 里面有 999 个 0.001。那空白部分是多少？

生：0.001。

师：999 个 0.001 再增加 1 个 0.001，是多少？

生：1。

师：你们有没有什么想说的呢？

生 2：1000 个 0.001 就是 1。

生 3：1 里面有 1000 个 0.001。

师：同学们，研究到这里，你们觉得三位小数与分数有什么样的关系呢？

生：三位小数表示千分之几。

师：千分之几可以写成三位小数，三位小数可以表示千分之几。（板书：千分之几→三位小数）

【设计意图】通过对一位小数和两位小数的意义的理解，学生的知识得到了迁移，通过合情推理，学生会类推将"1"平均分成 1000 份，得到 0.001，再将计数单位进行不断累加，进而理解 0.003、0.086、0.160、0.999 表示的意义。

四、沟通小数与分数间的联系

师：今天我们再次认识了小数，你们对小数有哪些新的认识呢？

生：一位小数表示十分之几，两位小数表示百分之几，三位小数表示千分之几。

师：如果是四位小数、五位小数会怎么样呢？

生：把 1 平均分成 10000 份，就会得到四位小数，四位小数表示万分之几，把 1 平均分成 100000 份，就会得到五位小数，表示十万分之几。这是分不完的。

师：那分数与小数有什么关系？

生：十分之几可以写成一位小数，百分之几可以写成两位小数，千分之几可以写成三位小数。

师：分母是 10、100、1000 等这样的分数，都可以用小数来表示，这就是小数的意义。看来同学们对小数有了更加丰富和深刻的认识。回顾今天的学习过程，我们先把 1 平均分成 10 份，得到了 0.1，把 0.1 又平均分成 10 份，得到了 0.01，把 0.01 再平均分成 10 份，得到了 0.001。仔细观察，这几个数之间有没有什么关系？有想法后，可以和同桌相互说一说。

生 1：从左往右看，1 里面有 10 个 0.1，0.1 里面有 10 个 0.01，0.01 里面有 10 个 0.001。

生 2：从右往左看，10 个 0.001 是 0.01，10 个 0.01 是 0.1，10 个 0.1 是 1。

师：你们太厉害了！这么快就发现了相邻的两个数之间的进率都是 10。联系我们以前学习的整数，有没有什么想说的呢？

生 3：小数和整数一样，都是满十进一。10 个 1 是 10，10 个 10 是 100，10 个 100 是 1000，10 个 1000 是 10000。

师：说得完吗？

生：说不完。

师：你们真了不起！从右往左看，都是满十进一，那反过来看呢？

生 4：1000 里面有 10 个 100，100 里面有 10 个 10，10 里面有 10 个 1，都是继续细分。

（出示课件）

计数单位

师：你们太棒了！像 1、10、100 等这样的数是整数的计数单位，0.1、0.01、0.001 等是小数的计数单位。从左往右看，就是在不断地十等分，我们就得到了新的计数单位。原来，小数的计数法则和整数的计数法则是一样的。那它们除了计数法则一样，还有什么相同的地方呢？在今后的学习中我们再进一步研究。

【设计意图】充分利用学生现有的知识基础，帮助学生沟通整数与小数之间的联系，使学生既能理解从"1"这个计数单位的细化得到一位小数、两位小数、三位小数……又能从小数计数单位的累加进一步认识更大的计数单位，明白整数的计数原理和小数的计数原理本质上是一样的，进一步感悟数的意义的一致性。

课例4："分数的意义"教学设计

教学内容

人教版小学数学五年级下册第四单元，教材第45、46页。

内容解析

"分数的意义"属于"数与代数"领域"数与运算"主题下的内容，是第四单元"分数的意义和性质"的起始课。它是在学生学习"分数的初步认识"的基础上进行的，是学生对分数概念理解由感性上升到理性阶段。它不仅为后续学习分数的基本性质、四则运算、解决问题打下基础，还对"比""分数除法""百分数的认识"等更多的内容学习及融会贯通起到重要的作用，进一步培养学生的数感和符号意识。

学情分析

在此之前，学生已经初步认识了分数，有一定的知识基础，但由于分数概念具有高度的抽象性和概括性，学生的抽象概括能力还相对薄弱。就本课而言主要存在以下困难：一是在分数意义的建立过程中，学生对单位"1"概念的理解存在困惑；二是在分数意义应用的过程中，学生很容易混淆用来表示数量间倍比关系的分数和用来表示具体数量的分数。

教学目标

（1）在具体生活情境中感悟分数的意义，理解单位"1"和分数单位。

（2）在建构分数意义的过程中，进一步培养分析、综合、抽象、概括的能力，发展数感和符号意识等数学核心素养。

（3）在解释实际情境中分数所表示的意义等活动中，进一步体会分数的应用价值，感受分数与生活的联系，增强学习数学的兴趣。

教学重难点

教学重点：理解单位"1"和分数单位的含义，抽象概括出分数的意义。

教学难点：从平均分和度量两个角度理解分数的意义。

教学过程

一、谈话导入，聚焦问题

板书课题：分数的意义。

提问：看到这个课题，你有什么想说的？

预设：① 三年级时，已经学过分数，为什么还要学习？

② 分数的意义是什么？

【设计意图】本环节通过谈话导入，唤醒学生的已有经验，同时发展学生的问题意识，聚焦问题，让学习真实发生。

二、探索体验，抽象概况分数的意义

（一）动手探究，认识单位"1"

活动一：利用课前准备的圆片、正方形纸片或者画一条线段，表示出 $\frac{1}{4}$。

（学生动手操作后反馈）

预设：把一个圆片或正方形平均分成 4 份，表示其中的 1 份是 $\frac{1}{4}$，把一条线段平均分成 4 份，表示其中 1 份是 $\frac{1}{4}$。

提问：你还能举例说明分数的含义吗？

课件出示：把一盒粽子看作一个整体，平均分成 4 份，每份就是这盒粽子的 $\frac{1}{4}$。把一盒月饼看作一个整体，平均分成 4 份，3 份是这盒月饼的 $\frac{3}{4}$。

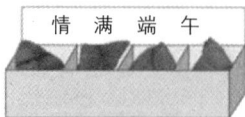

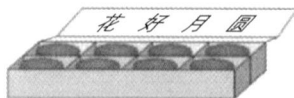

交流：对比这些作品和大家举的例子，它们有什么相同点？

明确：用数学的眼光来看，一个物体、一个计量单位和一些物体也都可以看作一个整体，用自然数 1 来表示，通常，把它们都叫作单位"1"。

【设计意图】本环节让学生自由表示，加深学生对分数意义的理解，进一步明确一个整体还可以是一些物体，为概括分数的意义做好准备。

（二）借助单位"1"，理解分数的意义

（1）单位"1"不同，可以表示相同的分数。

课件出示：下面几幅图分别是把什么看作单位"1"?

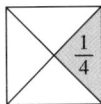

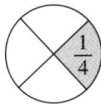

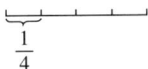

质疑：为什么单位"1"不同，但涂色部分都可以用 $\frac{1}{4}$ 表示?

小结：只要把单位"1"平均分成 4 份，这样的 1 份就可以用 $\frac{1}{4}$ 表示。

（2）单位"1"相同，可以表示不同的分数。

活动二：课件出示糖果图，先在学习单上写一写，然后比一比，把自己的发现在组内说一说。

交流：单位"1"相同，但是平均分的份数不同，表示的分数就不同。

启发：要说清楚一个分数的意义，我们除了要思考单位"1"是什么，还要思考什么?

明确：把单位"1"平均分成了若干份，表示这样的一份或几份都可以用分数来表示，表示其中一份的数叫作分数单位。

交流：$\frac{1}{2}$、$\frac{2}{3}$、$\frac{3}{4}$、$\frac{5}{6}$ 的分数单位及分数单位的个数。

【设计意图】活动一设计了单位"1"不同而平均分的份数和表示的份数都相同的情境，启发学生思考为什么它们表示的分数相同。活动二变换为单位"1"相同而表示的分数不同的情境。学生经历两种情境的对比，能进一步把握分数的意义，感悟分数单位。

（三）借助分数墙，理解分数单位的度量属性

课件出示：下面的分数墙上有哪些分数单位？仔细观察，你有什么发现？

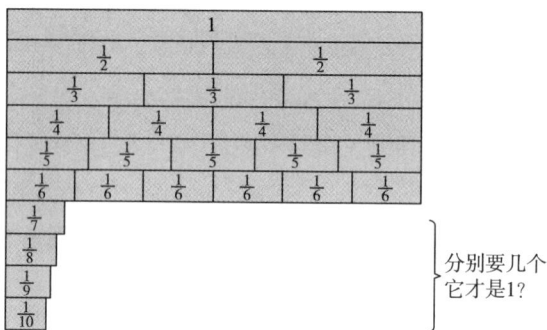

分别要几个它才是1？

预设：单位"1"被平均分成几份，分数单位就是几分之一。

追问：以 $\frac{1}{10}$ 为单位，还可以数出哪些分数？

交流：如果继续分下去，有最小的分数单位吗？有没有最大的分数单位？

明确：没有最小的分数单位，最大的分数单位是 $\frac{1}{2}$。

【设计意图】本环节借助分数墙，突出分数单位的计数单位属性，帮助学生体会分数单位的累加可以形成不同的分数。感受分数的"度量"含义，感悟分数单位是分数的计数单位。

（四）抽象出数轴，体会数的认识一致性

谈话：如果把分数墙底部的线段移下来，你想到了什么？

再有同样长的一段用什么数表示？这里还可以用什么数表示？（课件演示）

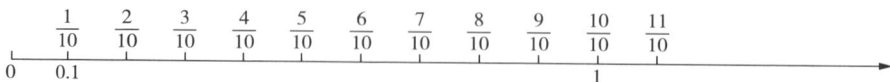

小结：看来分数和整数、小数一样，都是有计数单位的，都是可以数出来的。数轴上的点除了可以表示整数、小数，也可以表示分数，而且一个点

对应一个分数。

【设计意图】从分数墙中抽象出数轴，建构分数、小数和整数的联系，完善学生对数的整体建构。

三、巩固练习，深入理解分数的意义

（1）引入数学文化，追溯分数起源。

视频播放"分数起源"。

（2）引入生活情境，深入理解分数的意义。

情境：① 长江干流约 $\frac{3}{5}$ 的水体受到不同程度的污染。

② 死海表层的水中含盐达到 $\frac{3}{10}$。

【设计意图】本环节引入数学文化，追溯分数起源，感受分数的价值，再用生活中的情境进一步帮助学生深入理解分数的意义。

四、全课总结，勾连延伸

师：通过今天的学习，你们有哪些收获?

（生发言）

师：同学们的收获真多，为你们点赞！看来，无论是整数、小数还是分数，都是由计数单位的累加得出来的。

4.2 运算的一致性

4.2.1 整体解读

运算能力是核心素养中"会用数学思维思考现实世界"的主要表现之一。这种能力对于学生的观察、发现、推理、应用和创新等能力的发展至关重要。2022 年版课程标准将"数与代数"领域整合为"数与运算"和"数量关系"两个主题，旨在让学生感受到数与运算的一致性。

在小学数学四则运算中，整数、小数和分数的加减法都有其特定的规则。整数加减法强调相同数位对齐，小数加减法强调小数点对齐，而分数加减法则强调分母相同才能直接相加减。这些规则的背后，体现了算法的一致性，

即只有相同计数单位的数才能直接相加减。

从算理上看，无论是整数、小数还是分数，其四则运算的本质都是对计数单位进行运算。具体而言，加减法表现为对计数单位的累加或递减。乘法是"同数连加"，除法是"同数连减"，这两种运算都可以看作是对计数单位的累加或递减。因此，从算理上看，整数、小数和分数的加减法是一致的。

对运算一致性的探索，不仅使学生对不同类型的数的运算有了更为深入的理解，也为后续学习更高阶的数学运算打下了坚实的基础。

4.2.2　课标解读

2022 年版课程标准明确提出，感悟数的运算以及运算之间的关系，体会数的运算本质上的一致性，形成运算能力和推理意识。在第一学段主要是能描述四则运算的含义，知道减法是加法的逆运算、乘法是加法的简便运算、除法是乘法的逆运算；能熟练口算 20 以内数的加减法和表内乘除法，能口算简单的百以内数的加减法；能计算两位数和三位数的加减法；形成初步的运算能力。第二学段是能描述减法与加法的关系、除法与乘法的关系；能进行整数四则混合运算（以两步为主，不超过三步），正确运用小括号和中括号；能说出运算律的含义，并能用字母表示；能运用运算律进行简便运算，解决相关的简单实际问题，形成运算能力。第三学段是能进行简单小数和分数的四则运算和混合运算（不超过三步），并说明运算过程；能在较复杂的真实情境中，选择恰当的运算方法解决问题，形成运算能力和推理意识。

4.2.3　课例研究

课例 1："三位数乘两位数"教学实录

教学内容

苏教版小学数学四年级下册第三单元，教材第 27、28 页。

内容解析

"三位数乘两位数"属于"数与代数"领域"数与运算"主题下的内容，是整数乘法教学的最后一单元，在前面的学习中，学生已经学习了"表内乘法""两、三位数乘一位数""两位数乘两位数"，从简单到复杂，螺旋上升。重点通过比较与联想，理解整数乘法计算的算理和算法，感悟整数乘法运算的一致性。

学情分析

（1）从前测结果看，大部分同学已经掌握了两位数乘两位数的估算和笔算方法，对于两位数乘两位数的算理，也可以基本说清楚。

（2）一部分同学通过之前的学习，可以想到三位数乘两位数甚至多位数乘两位数该怎样计算，有一定的知识迁移和类比能力。

教学目标

（1）通过探索与交流，理解三位数乘两位数的算理和算法，能正确笔算三位数乘两位数。通过比较与联想，理解整数乘法计算的算理和算法，感悟整数乘法运算的一致性。

（2）经历理解与掌握三位数乘两位数及多位数乘多位数的算理和算法的过程，感悟化未知为已知的思想，提高运算能力，发展推理意识。

（3）在探索与交流的过程中，体会数学探索的乐趣，感受数学思想的魅力，培养学习数学的兴趣和信心。

教学重难点

教学重点：理解并掌握三位数乘两位数的算理和算法。

教学难点：理解整数乘法的算理和算法，感悟整数乘法运算的一致性。

教学过程

一、溯源而上，回顾"理""法"

（出示）$123 \times 2 = 246$ $\qquad$ $23 \times 12 = 276$

$$
\begin{array}{r}
123 \\
\times2 \\
\hline
246
\end{array}
\qquad
\begin{array}{r}
23 \\
\times12 \\
\hline
46 \\
23 \\
\hline
276
\end{array}
$$

师：这是我们以前学过的三位数乘一位数和两位数乘两位数，回忆一下当时你们是怎样算的？

生1：$2 \times 3 = 6$，$2 \times 20 = 40$，$2 \times 100 = 200$，再把它们加起来等于246。

生2：2×23＝46，10×23＝230，再把它们加在一起是276。

师：（追问）230为什么在竖式上只看到23呢？

生1：0可以省略不写。

师：这里的23表示什么？

生1：表示23个十，所以末位"3"与十位对齐。（板书：23个十）

师：46呢？

生1：46表示46个一，所以它的末位"6"与个位对齐。（板书：46个一）

师：看来同学们不仅掌握了两位数乘两位数的计算方法，还明白了方法背后的道理。

【设计意图】运算教学中算理的分析和算法的掌握是伴随始终的，两者是交错进行、互相促进的。笔者认为这节课是整数乘法计算教学的最后一课，应关注算理和算法的纵向贯通，做好"溯源而上"才能"顺流而下"，因此本节课与学生已有的认知经验进行有效衔接。

二、顺流而下，疏通"理""法"

（出示）128×16

师：三位数乘两位数你们会计算吗？尝试着算一算。

（生1板演）

$$
\begin{array}{r}
128 \\
\times \quad 16 \\
\hline
768 \\
128 \\
\hline
2048
\end{array}
$$

师：说一说你们是怎么样算的？

生1：先算6×128＝768，再算10×128＝1280，再把它们加起来等于2048。

师：如果你是一名数学老师，要向这个同学提一个问题，你最想向他提什么问题？

生2：你说的10和6是从哪里来的？

生1：把16拆成了10和6。

师：我明白了，你是用先分后合的方法来计算的。（板书：先分后合）

生3：128末位的"8"为什么要与十位对齐？

生1：这是十位上的1×128，就表示128个十，所以这个"8"要与十位对齐，0省略不写。

（板书：128个十）

生4：768末位的"8"为什么要与个位对齐？

生1：768表示768个一，所以这个"8"要与个位对齐。（板书：768个一）

师：原来乘法竖式还蕴藏着数的位置值和数学的简洁美。

师：请带着你们的收获，回顾一下自己做的题，同桌之间互相评价一下对方书写得怎么样。有瑕疵的修改一下；有错误的同学在旁边订正，并在小组内说一说错在哪里。

生1：忘记进位了。

师：对于忘记进位，你们有什么好的经验与大家分享？

生1：可以把进位的数写在竖式的旁边。

生2：还可以把进位的数写在横线上。

师：真好，掌声送给他们，乐于分享自己的学习经验，大胆地说出自己的想法，这就是学习的好方法。掌声也要送给做错的同学，他有承认错误的勇气以及知错就改的好习惯。

师：三位数乘两位数以前学过吗？没学过为什么同学们都会了呢？

生1：因为跟两位数乘两位数的计算方法和道理是一样的。

师：观察、对比三位数乘两位数与两位数乘两位数的计算过程，你们有什么发现？

（小组讨论）

```
        23                      128
  ×     12                ×      16
        46 ——46个一              768 ——768个一
        23 ——23个十             128 ——128个十
       276                     2048
```

生1：个位去乘得多少个一，十位去乘得多少个十，最后把它们加起来。

生2：个位去乘得的积，末位与个位对齐；十位去乘得的积，末位与十位对齐。

【设计意图】这部分知识学生有能力把已学会的算理和算法迁移过来，因此，笔者认为在教学时无须过多的提示和引导，应多给学生思考、说理的空间，在观察对比、分享交流中对整数乘法的计算方法做一个系统的总结。

三、架构模型，深挖本质

师：今天学习了三位数乘两位数，五年级会学什么呢？

生：三位数乘三位数。

师：六年级呢？

生：四位数乘四位数。

师：很遗憾地告诉大家，这是小学阶段整数乘法的最后一节课了。为什么不再学了呢？

生1：不管几位数乘几位数，计算的方法和道理都是一样的，所以不再学了。

生2：我补充，不管几位数乘几位数都是用个位去乘、十位去乘、百位去乘这样的方法来计算的。

（出示欧洲历史上的竖式）

$$
\begin{array}{r}
128 \\
\times \quad 16 \\
\hline
48 \\
12 \\
6 \\
8 \\
2 \\
1 \\
\hline
2048
\end{array}
$$

师：你们能看懂它吗？

生1：$6 \times 8 = 48$，$20 \times 6 = 120$，$100 \times 6 = 600$，$10 \times 8 = 80$，$10 \times 20 = 200$，$10 \times 100 = 1000$。

生2：我要补充，这里的 0 也是省略不写的，12 表示 12 个十，6 表示 6 个百，等等。

师：对比欧洲历史上的竖式，过去学过的和今天学过的竖式，你们有什么发现？

生1：都是先分后合的，计算方法是一样的。

生2：都是先用第二个乘数的个位去乘得多少个一，十位去乘得多少个十……

师：有人说过这样一句话，"计算就是计一计、算一算有多少个这样的计数单位"。

【设计意图】如果本节课的教学目标仅停留在"怎样算"和"为什么这样算",笔者认为是不够的。如果说两三位数乘一位数的学习是一个点,到两位数乘两位数就连成一条线,再到三位数乘两位数的教学仅通过迁移成面是不够的,应该在观察比较中感悟到知识是一个体,充分彰显数学知识的过程性、整体性和结构性,深刻理解整数笔算乘法的本质,让学生的认识更丰满,思维更通透。

四、融合算法,同源共流

(1) 课前让大家编一道用三位数乘两位数解决的实际问题。

一个工厂,每天生产209个玩具,31天一共生产多少个?

折纸小组分成两队比赛,第一队折了112个,第二队人是第一组的10倍,第二队小组折了多少个?

机器人玩具每个312元,学校买来34个,一共花了多少元?

师:会列式吗?

生:209×31,112×10,312×34。

师:这三道算式中,哪一道算式能直接算出得数?

生:$112 \times 10 = 1120$。

师:剩下的两道算式中,我只想知道哪一道算式的得数大一些,怎么办?

生1:估算。

生2:$209 \times 31 \approx 6000$,$312 \times 34 \approx 9000$。

师:要想知道积具体是多少,怎么办?

生:笔算。

(生独立完成并汇报结果)

师:你们能结合具体情境与同桌说一说每一步的意思吗?

生 1：209×31，先用个位上的 1 乘 209 表示 1 天生产的玩具数量，再用十位上的 3 乘 209 表示 30 天生产的玩具数量，最后把两部分的积相加表示 31 天一共生产的玩具数量。

生 2：312×34，先用个位上的 4 乘 312 表示 4 袋大米的重量，再用十位上的 3 乘 312 表示 30 袋大米的重量，最后把两部分的积相加表示 34 袋大米的重量。

师：观察三位数乘两位数的积，你们有什么发现？

生：积可能是四位数，也可能是五位数。

（2）计算比赛。

（出示）

$$\begin{array}{r} 379 \\ \times\quad 28 \\ \hline \end{array} \qquad \begin{array}{r} 309 \\ \times\quad 28 \\ \hline \end{array}$$

（男女生各一队，独立完成，汇报交流）

（采访男生）师：对于输了比赛，你们有什么想说的？

男生：比赛不公平。我们计算的 379×28 要连续进位，女生选的题比较简单。

（采访女生）师：他说你们计算的题比较简单，哪里简单？

女生 1：可以口算。

女生 2：我补充，她说口算的意思是中间有 0 的直接写进位的数。

（采访男生）师：如果要比赛公平，你们计算的这道题应该怎样改？

男生：379 中间的 7 改为 0。

（出示）

$$\begin{array}{r} 0 \\ 3\boxed{7}9 \\ \times\quad 2\ 8 \\ \hline \end{array}$$

师：这样改，计算的过程就跟女生算的是一样的，但真实情况中间不是 0，而是 7，怎么办呢？

生 1：再用 70×28＝1960，最后相加。

生 2：196 表示 196 个十。

（出示）

```
          0
      3 7 9
  ×     2 8
  ─────────
    2 4 7 2  ──── 2474 个一
      6 1 8  ──── 618 个十
      1 9 6  ──── 196 个十
  ─────────
  1 0 6 1 2
```

师：在数学上，这种计算方法叫作踢十法。这种算法其实也是先分后合，多分出来一步，是为了绕开容易出错的连续进位，但道理上其实是相通的。在以后计算三位数乘两位数时，我们可以根据需要灵活运用方法来计算。

师：回头看，无论是踢十法，今天学的方法，还是欧洲历史上的计算方法，它们都是计算什么的？

生：计数单位。

【设计意图】正确运算、理解算理、方法合理是运算能力的核心要素，自主编题、分享交流让学生在不同情境中理解算理，面对具体问题选择合理的方法能起到事倍功半的作用，提升自身计算能力的同时，感受到方法背后的本质是同一性的。

（3）小结。

师：数学知识就像一棵大树，把握住计算本质，掌握计算方法，再利用知识迁移，就能解决更多的问题。这棵树上还能长出小数乘法吗？带着这个问题离开教室，继续探究吧！

课例 2："小数乘整数"教学实录

教学内容

苏教版小学数学五年级上册第五单元，教材第 55、56 页。

内容解析

本节课内容的学习是建立在学生已经掌握了整数乘法的意义和计算方法、小数点的移动引起小数大小的变化、积的变化规律、小数的性质等知识的基础上的，它将为后面继续学习小数乘法的应用及四则混合运算打下基础。

教材从学生熟悉的生活经验情境引入，充分体现数学源于生活的课程理念。接着让学生在情境中通过单位转化来初步感知小数乘整数的算理，引导学生经历观察、推理、交流、归纳等数学活动，帮助学生进一步理解算理，掌握小数乘整数的计算方法，体会转化的数学思想，培养学生的迁移能力和推理能力，发展核心素养。

学情分析

本节课是"小数乘法与除法"单元的种子课，学生虽然是初次接触小数乘整数这一知识点，但是能够利用已有的知识经验算出结果，他们的这种掌握通常是零散的、不系统的，多数会计算但算理却含糊不清，需要借助进一步的学习来明确小数乘法的算理。此阶段学生的内在认知结构中，整数的四则运算属于前景观念，小数加减法也属于前景观念，小数乘法则属于背景观念。在日常生活中，学生在购物情境中对于简单的小数乘法计算，会转换成小数加法来解决，此阶段的学生对于小数乘整数的意义能联系整数乘法的意义来认识，但是对于小数乘法的竖式计算方法，需要借助成人的引导。

教学目标

（1）学生联系已有知识和经验探索小数乘整数的计算方法，体会小数乘整数的含义，学会小数乘整数的计算，能口算简单的小数乘整数的得数，掌握用竖式计算的方法。

（2）学生经历探索、发现小数乘整数计算方法的过程，进一步体会数学知识间的内在联系，积累计算学习的经验，培养分析、推理、抽象、归纳等思维能力。

（3）学生主动参加探索活动，感受探索活动的成功，树立学习数学的自信心。

教学重难点

教学重点：探索小数乘整数的计算方法。

教学难点：理解小数乘整数的算理，理解积的小数点的定位。

📚 **教学过程**

一、紧扣生活，谈话导入

师：在炎热的夏天，什么水果能解暑啊？

生：西瓜。

师：是的，随着农业生产技术的不断进步，不仅夏天能吃到可口的西瓜，在寒冷的冬天也能吃到可口的西瓜。请看大屏幕。

【设计意图】充分利用教材提供的问题情境，引导学生从"炎热的夏天，什么水果能解暑"这个话题逐步展开交流，激发学生的学习兴趣，并由此提出相关的数学问题。这样的安排既能使学生充分体会小数乘法与日常生活的密切联系，又能使他们十分自然地融入新知的学习过程。

二、探究新知，以理促法

（一）教学例 1

师：从图中你们能获得哪些数学信息？

生 1：第一幅图每千克 0.8 元，第二幅图每千克 2.35 元。

师：你能完整地说一说吗？

生 1：夏天西瓜比冬天便宜一些，每千克 0.8 元，冬天每千克 2.35 元。

[出示问题（1）和问题（2）]

师：那夏天买 3 千克西瓜需要多少元？你会列算式吗？（板书：0.8×3＝）

师：你能和同学们说一说，这个算式表示的是什么意思吗？

生 2：每千克 0.8 元，买 3 千克，就是 0.8×3。

师：也就是表示 3 个 0.8 元。那冬天买 3 千克西瓜需要多少元呢？

（学生回答并板书：2.35×3＝）

师：你能说说这个算式表示什么意思吗？

生 3：表示 3 个 2.35 相加的和。

师：同学们仔细观察，这两道算式和我们之前学习的乘法算式有什么不同？（学生回答）

揭示课题：今天这节课我们就来研究小数乘整数（板书课题）。

【设计意图】观察情境图获取数学信息，培养学生的数学眼光并学会用简洁的语言描述情境，从而跟着进入情境解决实际问题，根据信息列出对应的乘法算式引出本课课题。

（二）学生探究 $0.8×3$

师：$0.8×3$ 等于多少？

生：2.4。

师：看来都难不倒大家，你们能用学过的知识算一算吗？请在学习单上把计算过程记录下来。（学生操作）

结合交流、集体讲评，引导学生理解不同算法。

（1）用加法算：$0.8+0.8+0.8=2.4$（元）。

师：这个同学能根据乘法的意义把乘法变加法计算，有没有同学和他一样的？给他点掌声吧！

（2）换算成"角"算：0.8 元＝8 角。8 角×3＝24 角，24 角就是 2.4 元。

师：通过单位的换算，把元换算成角，其实就是把小数乘法转换成整数乘法，真是个善于思考的孩子！

（3）用竖式笔算：先算 8 角×3＝24 角，24 角就是 2.4 元。

师：对比一下，你们更喜欢哪种方法？

生：竖式计算。

师：那我们就来探究一下小数乘法的竖式计算。

【设计意图】问题引领，利用学生列出的算式 $0.8×3$ 引发学生想要得知结果的心理，抛出问题让学生利用之前学习过的知识解决问题，在多种方法的展示对比中，突出竖式的简洁性。

（三）学习笔算方法

师：刚刚我们在列竖式计算时先算什么？

生 1：先算 $8×3=24$。

师：为什么结果变成 2.4 了呢？

（指名学生交流想法、理由，引导其余学生倾听、理解）

师：这里的"8"表示多少？

生 2：8 个十分之一。

师：得到的 24 表示什么？

生 3：表示 24 个十分之一，结果是 2.4。

师：我们可以借助图来感受一下，大家请看（出示课件），如果每个长方形直条表示整数 1，平均分成 10 份，涂色部分应该表示 0.1，0.8 表示这样的 8 份，那 0.8×3 表示这样的 3 个 8 份，也就是 24 个 0.1，是 2.4。

师：我们一起来梳理一下。

师板书：

$$0.8 \cdots\cdots 8 个十分之一$$
$$\underline{\times \qquad 3}$$
$$2.4 \cdots\cdots 24 个十分之一$$

师：谁能完整地说一说？

生 4：0.8 表示 8 个十分之一，乘 3 表示 24 个十分之一，所以是 2.4。

【设计意图】洞悉计算本质，问题引领，引发学生思考计算的算理，明白运算的一致性，不管是整数乘整数，还是小数乘整数，都是在计算它们的计数单位的个数。明白算理之后，再总结出计算方法。这样的设计步步递进，层层深入，符合学生的学习发展规律。

（四）尝试计算 2.35×3 的积

师：刚刚我们研究的是一位小数乘整数，我们继续研究两位小数乘整数。请同学们来算一算 2.35×3。

师：你觉得 2.35×3 大约是多少？

生 1：比 6 大，比 9 小。

师：看来估算可以帮助我们确定结果的大致范围，我们要养成估算的意识。

（学生尝试列竖式计算 2.35×3）

师：你们是怎么计算的？

生 2：先算 0.05×3=0.15，再算 0.3×3=0.9，2×3=6。

师：同学们，你们和他想的一样吗？都是这样算的吗？有没有不一样的？其实，他是先算了什么？

生 3：先算百分位。

师：这里面的 2.35 表示的是多少？乘 3 得到的 705 又表示多少？谁能完整地说一说。

生 4：2.35 表示的是 235 个百分之一，乘 3 得到的是 705，表示 705 个百分之一，也就是 7.05。

（结合交流内容，在竖式右侧板书：235 个百分之一、705 个百分之一）

出示：

$$\begin{array}{r} 2.35 \\ \times\quad\ 3 \\ \hline 7.05 \end{array}$$

师：刚刚老师发现有同学是这样摆竖式的，对于这样的摆法，同学们有什么好的建议送给他吗？

生 5：整数应该放在小数的尾部。

师：说说你的想法。

生 6：我们以往在学习整数乘法竖式的时候都是末位对齐。我觉得这里也是一样的，计算 2.35×3，我们可以先算 235×3。

师：由小数乘整数联想到整数乘整数，真是个善于学习和思考的孩子。

（五）比较 0.8×3 和 2.35×3

师：同学们，我们完成了两道题，大家仔细比较这两道算式，有什么发现？

（组内交流）

生 1：都是从末尾算起。

师：具体说一说，0.8×3 是先算 8×3，2.35×3 是先算 235×3，这两道题我们都是先按照什么乘法来计算的？

生 2：整数乘法。

师：我们在计算小数乘法时都是先按照整数乘法来计算的。仔细看一下乘数的小数位数和积的小数位数，我想你们一定会有新的发现。

生 3：乘数中有一位小数，积就是一位小数；乘数中有两位小数，积就是两位小数。

师：如果我们按照这种想法继续下去，乘数是三位小数，积就是三位小数……你们也有这样的想法吗？带着这样的想法，我们一起来完成下面这些题。

（六）课堂练习

师：猜一猜下面的这些小数乘整数积是几位小数。

2.8×53　　4.76×12　　0.103×25

（学生汇报交流并说说理由）

生1：第一道算式的积是一位小数。因为刚刚说乘数是几位小数，乘出来的积就是几位小数，2.8是一位小数，所以积是一位小数。

师：后面的题谁来挑战一下？

生2：因为乘数有两位小数，所以积有两位小数。

生3：因为乘数末尾有三位小数，所以积有三位小数。

师：光有猜想还不行，还要验证。请拿出你的计算器来快速来验证一下。看看计算的结果是否正确？

（学生用计算器计算验证）

师：好了吗？比一比，看谁的速度快。

师：都验证好了吗？现在大家把计算器放好。

师：请你说一说，你记录下来的积是多少？

生4：148.4。

师：是吗？我们要把它记录下来，养成一个良好的学习习惯。

师：谁来跟大家分享一下第二题的验证结果？

生5：57.12。

师：还有谁来挑战最后一题？

生6：2.575。

师：通过验证，证实了我们的猜想是正确的。现在请同学们想一想乘数中的小数位数和积中的小数位数到底有什么样的关系。大胆地说出你们的想法。

生7：第一个乘数是几位小数，积就是几位小数。

结论：乘数中有几位小数，积就有几位小数。（板书）

在小组内讨论：小数和整数相乘，可以怎样计算？

师：现在你们能说一说小数乘整数该怎样计算了吗？第一步先干什么？

生8：先摆出竖式，数位对齐。

师：按什么方法计算。

生9：按整数方法计算。

师：是不是这样子啊？我们回顾一下，刚刚计算0.8×3时候先算8×3，算2.45×3的时候先算245×3。

师：那接下来怎么办呢？怎么确定小数点的位置呢？

生10：乘积中有几位小数，积就有几位小数。

师：小数乘整数，先按整数乘法计算，然后看乘数里有几位小数，就从积的右边起数出几位，点上小数点。

【设计意图】通过计算一位小数、两位小数、三位小数与整数相乘，引导学生观察对比出最后结果中小数点的数位不同，从而引导学生讨论、猜想、验证，最后总结出小数乘整数的计算方法。

三、练习巩固，深度理解

（1）笔算下面各题。

$$
\begin{array}{r} 3.7 \\ \times\quad 5 \\ \hline \end{array}
\qquad
\begin{array}{r} 0.18 \\ \times\quad 5 \\ \hline \end{array}
\qquad
\begin{array}{r} 4\ 6 \\ \times\ 1.3 \\ \hline \end{array}
\qquad
\begin{array}{r} 35 \\ \times\ 0.24 \\ \hline \end{array}
$$

师：请四人上黑板板演，其他同学在下面写。

（学生操作）

集体讲评，检查计算过程。

师：谁来说一说第一道题是怎么算的？

生1：先算37×5得到185，乘数里有一位小数，积就有一位小数，结果就是18.5。

师：这里37表示的是多少？

生2：3.7。

师：37个0.1乘5，得到185个0.1，所以才是18.5。

师：（指第二道题）这个同学的计算正确吗？有没有要提醒的呢？

生3：根据小数的性质，当小数末尾有0的时候，小数末尾的0可以去掉。

师：我们继续来看第二道题。

生4：这道题的结果是两位小数，18×5＝90。从右边数出两位点上小数点，发现整数部分没有了，可以用0代替。

师：（指第三道题）这个同学的计算对吗？有没有什么需要注意的？

生5：他的计算过程中也点了小数点。计算时只需要按照46×13算，中间不需要点小数点。

师：这道题（第四道题）有什么需要注意的吗？

生6：末尾的0去掉，像第二道题这样。像第二、第四道题这样末尾有0的得数要化简。

（2）完成练一练第1题。

① 出示：$14.8 \times 23 =$

师：想计算这道算式，有什么好办法？

生1：我们可以计算出 148×23 的乘积。

师：给出 148×23 的积，你能说出 14.8×23 的积吗？

生2：340.4。

② 出示：$148 \times 2.3 =$

生3：340.4。

师：为什么这两道题不一样，积都是340.4呢？

生4：它们都是按照 $148 \times 23 = 3404$ 来计算的，乘数中有几位小数，积就有几位小数。

③ 趣味练习：（　　）×（　　）＝34.04

生1：1.48×23，148×0.23。

生2：14.8×2.3。

师：这是小数乘小数，我们后面将会学习相关的内容，它的积确实是34.04。

（3）完成教材第58页"练习十"第3题。

师：我们学习了小数乘法就要学会用它来解决实际问题，我们一起来看看这个实际问题。

读题后讨论：响雷和打闪应该是同时发生的，为什么先看到闪电，再听到雷声？

生1：光的传播速度比声音的速度快。

师：因为光的传播速度非常快，所以这道题让我们略去从打闪起到看见闪电的时间。雷声在空中传播了几秒？每秒的速度是多少千米？那么要求打闪的地方离小华有多远就是求什么？

【设计意图】分层练习帮助学生巩固算法，设置 0.18×5 这样的积末尾有0的算式，根据小数的性质去掉积末尾的0，引发学生思考、验证算法，从而达到巩固算理的效果，让学生明白并注意遇到特殊情况时该如何处理。

四、全课总结，回顾反思

师：通过这节课的学习，你们有哪些收获？

课例 3："分数乘分数"教学实录

教学内容

苏教版小学数学六年级上册第二单元，教材第 34、35 页。

内容解析

"分数乘分数"是"分数乘法"这一单元第 3 课时的内容。本课是在理解分数的意义和性质、分数乘整数的基础上进行教学的，同时是分数除法和百分数的重要基础。教材充分体现了结合具体情景体会运算意义的要求，要求学生通过解决实际问题，结合计算过程去理解计算的意义。本课时是分数乘法计算的第二个层次的教学，应该让学生在理解分数乘法意义的基础上，借助直观图，理解分数乘分数的计算方法。在教学过程中，多设计探究活动，让学生体验"以形助数""以数解形"的内涵。通过数形结合思想归纳、总结分数乘分数的计算方法。

学情分析

学生记住分数乘分数的计算法则并不难，但理解分数乘分数的算理比较困难。学生容易将分数加法与分数乘法的计算混淆，所以要借助直观图，通过数形结合、归纳推理让学生完全明白算理，并要通过多种练习形式帮助区分。

教学目标

（1）在情境中利用直观图了解分数乘分数的含义，理解并掌握分数乘分数的算法，初步感知算理，能正确地进行计算。

（2）经历探索分数乘分数的计算方法的过程，培养运算能力和推理能力，体验数形结合思想，感悟归纳推理的思想。

（3）在参与数学活动的过程中进一步体会数学知识的内在联系，增强自主探索与合作交流的意识，感受数学学习的乐趣。

📚 **教学重难点**

教学重点：掌握分数乘分数的计算方法并能正确计算。

教学难点：理解分数乘分数的算理。

📚 **教学过程**

一、画图举例，引导发现

（一）明确意义

教材第 34 页例 4：涂色部分都表示一张纸的 $\frac{1}{2}$，斜线部分占 $\frac{1}{2}$ 的几分之几？各是这张纸的几分之几？

师：先看条件，涂色部分都表示一张纸的 $\frac{1}{2}$，你们是怎么理解的？

生 1：把一张纸平均分成 2 份，取其中 1 份，涂色部分就表示这张纸的 $\frac{1}{2}$。

师：是的，把一张纸看作单位"1"，平均分成 2 份，取其中 1 份，涂色部分就表示这张纸的 $\frac{1}{2}$。

师：再来看看问题。第一个问题，斜线部分各占 1/2 的几分之几？

生 2：左图中的斜线部分占 $\frac{1}{2}$ 的 $\frac{1}{4}$。右图中的斜线部分占 $\frac{1}{2}$ 的 $\frac{3}{4}$。

师：你能给大家说说你是怎么看出来的吗？

生 2：左图把 $\frac{1}{2}$ 平均分成 4 份，取其中 1 份，所以斜线部分占 $\frac{1}{2}$ 的 $\frac{1}{4}$。右图把 $\frac{1}{2}$ 平均分成 4 份，取其中 3 份，所以斜线部分占 $\frac{1}{2}$ 的 $\frac{3}{4}$。

师：对于他的回答，你们有什么想说的吗？

生 3：说得很完整，条理很清楚。

师：那你们能像他这样再来说一说吗？

生 3：左图把 $\frac{1}{2}$ 平均分成 4 份，取其中 1 份，所以斜线部分占 $\frac{1}{2}$ 的 $\frac{1}{4}$。右图把 $\frac{1}{2}$ 平均分成 4 份，取其中 3 份，所以斜线部分占 $\frac{1}{2}$ 的 $\frac{3}{4}$。

师：两个同学说得都很有条理，掌声送给他们。

师：同学们，把一张纸看作单位"1"，先平均分成 2 份，取其中的 1 份，就是 $\frac{1}{2}$。再把 $\frac{1}{2}$ 平均分成 4 份，取其中 1 份，就是 $\frac{1}{2}$ 的 $\frac{1}{4}$；取其中 3 份，就是 $\frac{1}{2}$ 的 $\frac{3}{4}$。

（二）解决问题

师：经过这样先分后取、再分再取之后，$\frac{1}{2}$ 的 $\frac{1}{4}$ 和 $\frac{1}{2}$ 的 $\frac{3}{4}$ 各是这张纸的几分之几呢？你们能列出算式并看图写出结果吗？请同学们拿出探究单试一试吧！完成的同学，前后 4 人组成一个小组把你们的想法在小组内说一说。

（学生完成后组内交流）

师：谁来给大家分享一下你的想法？

生 1：我列出的算式是 $\frac{1}{2} \times \frac{1}{4} = \frac{1}{8}$，$\frac{1}{2} \times \frac{3}{4} = \frac{3}{8}$。$\frac{1}{2} \times \frac{1}{4}$ 就相当于把这张纸平均分成 8 份，取其中 1 份，所以结果就是 $\frac{1}{8}$。$\frac{1}{2} \times \frac{3}{4}$ 就相当于把这张纸平均分成 8 份，取其中 3 份，所以结果就是 $\frac{3}{8}$。

师：大家有什么疑问？

生 2：为什么用乘法计算？

生 1：前面学习过求一个数的几分之几是多少，是用乘法计算的。

师：那求 $\frac{1}{2}$ 的 $\frac{1}{4}$ 是多少就可以用乘法计算，同样的，求 $\frac{1}{2}$ 的 $\frac{3}{4}$ 是多少也可以用乘法计算。现在你明白了吗？还有问题吗？

师：他刚才还从图中看出了这两道算式的结果分别是 $\frac{1}{8}$ 和 $\frac{3}{8}$，谁能再说一说怎样从图中看出算式的结果？

生 3：$\frac{1}{2} \times \frac{1}{4}$ 就相当于把一张纸平均分成 8 份，取其中 1 份，所以算式的结果是 $\frac{1}{8}$。$\frac{1}{2} \times \frac{3}{4}$ 就相当于把一张纸平均分成 8 份，取其中 3 份，所以算式的结果是 $\frac{3}{8}$。

师：说得真好，请坐。也谢谢你的分享，掌声送给他们。

师：观察这两道算式，和以前学习的算式有什么不同？

生 4：这两道算式都是分数乘分数。

师：这就是我们今天要学习的内容。（板书：分数乘分数）

（三）引导发现

师：请同学们再次观察这两道算式，还有他们的计算结果，你有什么发现？

生 1：两个乘数的分子相乘就是结果的分子，分母相乘就是结果的分母。

师：你们也发现了吗？

生：发现了。

师：那分数乘分数是不是都可以这样计算呢？仅凭一两道算式就得出一个结论，这显然不够科学，怎么办？

生 2：我们还需要再举些例子来看一看。

【设计意图】教师利用学生已有的学习经验，顺应学生的最近发展区，借助直观图让学生感受数量关系，列出算式，进一步巩固对乘法算式意义的理解。在此基础上学生借助直观图得出算式的结果，初步感知分数乘分数的计算方法。

二、画图验证，提炼算法

出示：教材第 34 页例 5 的两道算式

$$\frac{2}{3} \times \frac{1}{5} = \frac{(\qquad)}{(\qquad)} \qquad\qquad \frac{2}{3} \times \frac{4}{5} = \frac{(\qquad)}{(\qquad)}$$

师：这两道算式分别是什么意思，谁来说一说？

生 1：$\frac{2}{3} \times \frac{1}{5}$ 就是求 $\frac{2}{3}$ 的 $\frac{1}{5}$ 是多少？$\frac{2}{3} \times \frac{4}{5}$ 就是求 $\frac{2}{3}$ 的 $\frac{4}{5}$ 是多少？

师：你们同意吗？

生：同意。

师：知道算式的意思了，那就拿出探究单，在图中画斜线表示计算结果吧！

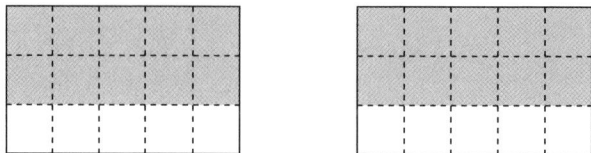

（学生画图）

师：谁来给大家分享一下你的想法？

生2：把长方形先平均分成3份，取其中2份，再把$\frac{2}{3}$平均分成5份，取其中1份，就是$\frac{2}{3}$的$\frac{1}{5}$。这个过程就相当于把长方形平均分成15份，取其中的2份，所以$\frac{2}{3} \times \frac{1}{5} = \frac{2}{15}$。

（学生自发鼓掌）

师：老师也很欣赏你的回答，不但让我们明白了$\frac{2}{3}$的$\frac{1}{5}$怎样画图表示，也让我们从图中清楚地看出算式的结果是$\frac{2}{15}$。谢谢你的分享。谁能像他这样再来说说第二道算式？

生3：把长方形先平均分成3份，取其中2份，再把$\frac{2}{3}$平均分成5份，取其中4份，就是$\frac{2}{3}$的$\frac{4}{5}$。这个过程就相当于把长方形平均分成15份，取其中的8份，所以$\frac{2}{3} \times \frac{4}{5} = \frac{8}{15}$。

（学生自发鼓掌）

师：说明这两道算式也符合我们刚才的发现。现在请同学们仔细观察每个算式和它们的计算结果，你能说一说分数乘分数可以怎样计算吗？

生4：两个分数相乘，分子乘分子就是结果的分子，分母乘分母就是结果的分母。

师：总结得很好，谁再来说一说？

生5：两个分数相乘，分子乘分子就是结果的分子，分母乘分母就是结果的分母。

师：是的，分数乘分数，就是用分子相乘的积作分子，分母相乘的积作分母。

【设计意图】学生通过自主动手操作验证，不断积累数学活动经验，深入体验分数乘分数先分后取、再分再取的过程，引导学生借助直观图进一步理解算理，并在对比中归纳概括出算法。

三、数形结合，探究算理

师：同学们，我们已经总结出了分数乘分数的计算方法，学习到这里，你们还有什么疑问吗？

生 1：为什么这样算？

师：听听，他特别会思考！学习就要这样，不但要知道计算的方法，还要明白计算的道理。你们要不要探讨一下。

师：任选一道或两道算式，结合图形，先独立思考，再把你的想法在小组内交流讨论一下。

师：谁来说说为什么分母乘分母就是积的分母，分子乘分子就是积的分子呢？你选择哪道算式？

生 2：$\frac{1}{2} \times \frac{3}{4}$ 我们得出的答案是 $\frac{3}{8}$。为什么这样算呢？我们是把一张纸看作单位"1"，先平均分成 2 份，取其中的 1 份，就是 $\frac{1}{2}$。$\frac{3}{4}$ 是什么意思呢？再把 $\frac{1}{2}$ 平均分成 4 份，取其中 3 份，就是 $\frac{1}{2}$ 的 $\frac{3}{4}$。我们算的结果是 $\frac{3}{8}$，也就是把这张纸一共平均分成了 8 份，取了其中的 3 份。

师：就像这个同学说的一样，经过这样先分后取、再分再取之后，分母 2×4 从图中看就是求什么？

生 3：求长方形一共被平均分成的份数。

师：一共被平均分成了几份？

生：8 份。

师：所以积的分母是 8。分子 1×3 就是求什么？

生：求一共取出的份数。

师：一共取了其中的几份？

生：3 份。

师：所以积的分子是 3。这个同学刚才结合先分后取、再分再取的过程把这道算式的算理说得很清楚了，谁能像他这样再选一道算式给大家说一说？

生 4：我选的是 $\frac{2}{3} \times \frac{4}{5}$ 这道算式。分母乘分母就表示把单位"1"一共平均分成 15 份，分子乘分子就表示一共取 8 份。

师：我们继续来看，把一张纸看作单位"1"，先平均分成 3 份，取其中的 2 份，就是 $\frac{2}{3}$。再把 $\frac{2}{3}$ 平均分成 5 份，取其中 4 份，就是 $\frac{2}{3}$ 的 $\frac{4}{5}$。也就是把这张纸一共平均分成了 15 份，取其中的 8 份。

师：原来分母乘分母就表示把单位"1"一共平均分成的份数，分子乘分子就表示一共取的份数。同学们现在明白为什么可以这样计算了吧？

师：回顾刚才的探究过程，我们先是明确了算式的意思，再结合图形得出了分数乘分数的计算方法，明白了计算的道理。

【设计意图】 教师引领学生直面知识的本质，顺着思维深入思考，使学生不仅知道分数乘分数的计算方法，还明白了其中的道理，实现从浅层学习到深度学习的跃迁。

四、巩固练习，应用提高

师：先来完成练习单中第 1 题。

$$\frac{3}{5} \times \frac{2}{7} = \qquad\qquad \frac{7}{66} \times \frac{11}{42} =$$

师：完成了吗？说说你们是怎样计算的？

生 1：根据分母乘分母就是积的分母，分子乘分子就是积的分子，第一小题 5×7 是 35，3×2 是 6，所以结果是 $\frac{6}{35}$。第二小题要把 66 和 11 先约分，7 和 42 约分，结果是 $\frac{1}{36}$。

师：他把计算的过程说得很详细，结果正确吗？（正确）为什么要先约分再计算？

生：简便。

师：现在谁再来说一说分数乘分数可以怎样计算？计算时要注意些什么？

生 2：分数乘分数，就是用分子相乘的积作分子，分母相乘的积作分母。计算时要注意先约分再计算。

师：总结得很好。继续来看，这两道算式都是分数乘整数，你能用今天学习的分数乘分数的方法计算吗？

$$\frac{2}{11}\times 3= \qquad 4\times\frac{5}{6}=$$

生3：第一小题我把3看成了$\frac{3}{1}$，然后用11乘1，2乘3，得到结果是$\frac{6}{11}$。第二小题我把4看成了$\frac{4}{1}$，然后用1乘6等于6，4乘5等于20，得$\frac{20}{6}$，接着进行约分，最后的结果是$\frac{10}{3}$。

师：结果正确吗？

生：正确。

师：这样看来分数乘整数也可以用分数乘分数的方法计算。知道为什么吗？

生：这些整数都可以看成分母是1的分数。

师：这样就把分数乘整数转化成分数乘分数了。

【设计意图】第一个练习让学生初步学会运用分数乘分数的计算方法，并注意先约分再计算；第二个练习意在让学生自主发现分数乘分数的计算法则同样适用于分数与整数相乘，进而完成对分数乘法计算法则的整体建构。

五、回顾反思，总结提升

师：同学们，通过今天这节课的学习，你们有哪些收获？

生1：我明白了分数乘分数计算的道理。

生2：我掌握了分数乘分数的计算方法，在计算时我们要注意先约分再计算。

……

师：今天我们利用画图的方法，把"数"和"形"结合在一起，不仅探究出了分数乘分数的计算方法，还明白了这样计算的道理。希望同学们在今后的学习中充分发挥自己的聪明才智，勇于探索，勇往直前！

4.3 运算法则和运算律

4.3.1 整体解读

数的运算是人们在日常生活中运用最广泛的数学知识，运算能力是每个人应具备的基本素养。运算的本质是集合之间的映射，在小学阶段，数的运算主要研究四则运算，包括加法、减法、乘法和除法，它是小学数学最为基础、重要的内容之一，也是学习其他数学知识的基础。

四则运算之间存在密切的联系，加法是四则运算的基础，减法、乘法和除法都是在加法的基础上衍生出来的。减法是加法的逆运算，在自然数域，加法的简便运算产生了乘法（几个几相加），由乘法的逆运算产生了除法。四则运算的共性在于操作的对象是计数单位，这是运算的意义决定的。加法和乘法可以视为对计数单位的累积和合并，减法可视为计数单位的减少，除法既可理解为将几组相同的计数单位进行依次相减，也可理解为对计数单位进行平均分。四则运算的意义在现实世界需求下，递进为四则混合运算，而要在数学中进行混合运算，必须解决脱离具体情境下"先算什么，后算什么"的问题，于是便产生了运算的法则。四则运算的运算法则中，加法和减法属于第一级运算，乘法和除法属于第二级运算。在同级运算中，应从左至右依次进行计算。在进行两级运算时，应先进行第二级运算，再进行第一级运算。在有括号的情况下，应先计算括号内的运算，再计算括号外的运算；在有多层括号的情况下，应先计算小括号内的运算，再计算中括号内的运算，再计算大括号内的运算，最后计算括号外的运算。

四则运算的意义不仅催生了相应的运算法则，也决定了运算的规律。小学阶段，运算律包含加法交换律、加法结合律、乘法交换律、乘法结合律和乘法分配律，减法、除法的性质也属于运算的规律。这些规律是通过对一些等式的观察、比较和分析而抽象、概括出来的。需要指出的是，运算律的价值并不仅在于简便运算，更在于它指向运算的本质和意义。

4.3.2　课标解读

2022 年版课程标准指出中，运算能力是核心素养的主要表现之一，主要是指根据法则和运算律进行正确运算的能力。这部分内容主要安排在第二学段，内容上要求：在解决简单实际问题的过程中，理解四则运算的意义，能进行整数四则混合运算；探索并理解运算律，能用字母表示运算律。学业上要求：能描述减法与加法的关系、除法与乘法的关系；能进行整数四则混合运算（以两步为主，不超过三步），正确运用小括号和中括号；能说出运算律的含义，并能用字母表示；能运用运算律进行简便运算，解决相关的简单实际问题，形成运算能力。通过运算法则和运算律的学习，学生不仅可以深入理解四则运算的意义和本质，更能在实际问题中运用这些知识解决各种问题。在运算能力得以发展的同时，进一步发展学生的符号意识、推理意识、模型意识和应用意识。

4.3.3 课例研究

课例1："不含括号的两步混合运算"教学实录

📚 教学内容

苏教版小学数学三年级下册第四单元，教材第34、35页。

📚 内容解析

"不含括号的两步混合运算"是苏教版数学三年级下册"混合运算"单元第一课时的教学内容。在此之前，学生已经掌握了同一级运算的运算规则，以及乘法在前的乘加、乘减运算，其共性在于运算的顺序都是自左向右。而本单元的运算涉及混合运算的各种情况，教学立足于解决两步计算的实际问题，是对四则运算的一种综合，同时是学生学习三步混合运算的基础，更是后期学习小数、分数混合运算的基石。本节课作为单元起始课，着重在具体情境中引导学生体会不同级运算顺序的合理性，进而上升到对运算规则的理解和掌握，感悟数学知识的关联性和发展性，进一步发展运算能力和推理意识。

📚 学情分析

学生此前接触过同一级运算的混合运算以及乘加、乘减两步混合运算，已经具备初步的分步解决问题的能力，结合平时的学习经验，部分同学可以说出先算乘除、后算加减的运算规则。而学生的问题主要集中在两个方面：一是本节课学习的混合运算和以前学习的运算的区别和联系；二是确定运算顺序的依据和原理。所以，本节课教学需要结合学生已有的知识经验，引导学生在具体情境中有意义地建构运算顺序，感悟运算规则的合理性。

📚 教学目标

（1）在具体情境中，经历不含括号的两步混合运算顺序的探究过程，理解并掌握不含括号的两步混合运算的运算规则，能正确进行计算。

（2）经历观察、对比、交流等过程，发展学生的运算能力和推理意识。

（3）感受数学与生活以及数学知识间的密切联系，感悟数学知识的关联性，体会学习数学的价值，增强学习的乐趣。

教学重难点

教学重点：理解并掌握含有乘法和加减法混合运算的运算顺序。

教学难点：体会运算顺序的合理性，能正确书写递等式。

教学过程

一、情境导入，分步计算

师：今天的课我们从"买文具"的情境开始，买文具时会遇到什么样的数学问题呢？咱们一起去看看。你们从图中得到了哪些数学信息？

（1）小军买3本笔记本和1个书包，一共用去多少元？

（学读题后反馈）

师：你们观察得真仔细！那么小军要解决什么样的数学问题呢？

生：买 3 本笔记本和 1 个书包，一共用去多少元？

师：你们会列分步算式解决这个问题吗？在你们的学习单上写一写。

师：谁来说一说你的解答过程？

生 1：$3×5=15$（元），$15+20=35$（元）。答：一共用去 35 元。

生 2：用 3 本笔记本的价钱加上 1 个书包的价钱等于一共用去多少元。

【设计意图】本环节开门见山，呈现购买文具的现实情境，引导学生利用已有的知识经验，用分步计算的方法来解决问题。教学中强调学生明确每一步计算的含义，初步理解"先算乘法"的现实意义，为进一步感悟混合运算顺序的合理性奠定基础。

二、联系实际，合并计算

师：计算正确，说得也很有道理，你们能根据这样的数量关系把这两道算式合在一起变成一道算式吗？

师：谁来说一说你列的综合算式？

生1：$3 \times 5 + 20 = 35$(元)。

生2：3本笔记本的价钱＋1个书包的价钱＝一共用去的钱数。

师：同学们列出了这样的算式，和我们以往的算式不同，这种算式叫综合算式。这里有乘法，又有加法，像这样，有两种或两种以上的运算，叫作混合运算。那么今天我们要学习的就是两步混合运算。

三、聚焦算理，明确规则

（一）尝试说理，感悟规则

师：同学们，在这道乘法和加法的混合运算算式中我们该先算什么呢？

生1：先算乘法。

师：为什么先算乘法？

生2：乘法的级别比加法更高一些，先要算高的那个，所以先算乘法。

师：看来同学们对运算的规则有一定的了解。那这道算式表示什么意思呢？

生3：3本笔记本的价钱和1个书包的价钱一共是多少。

师：我要求出一共用去多少元，得先求出什么呢？

生：3本笔记本的价钱。

师：要知道一共用去多少元，得先求出3本笔记本的价钱，也就是先算乘法，那么这样的混合运算，我们该怎样书写计算过程呢？咱们一起来学习吧！（播放混合运算书写视频）

师：像这样，等值传递的格式叫作递等式。在这里我们先算 5×3，在它对应的部分下面写出它的得数，没有参与运算的符号和数要照抄下来，再算 $15 + 20$，在它的下一行写出它的得数。需要注意的是：这里 5×3 在加号的前面，它的得数要写在加号的前面，20在加号的后面，移下来要写在加号的后面。这是完整的递等式格式，那么它的横式后面不需要再写得数。

师：核对一下我们解决问题的过程是否一致。（生：是）说明我们算的是

121

对的。咱们一起口答。

生：小军买 3 本笔记本和 1 个书包一共用去 35 元。

师：递等式既可以算出结果，又能清楚地知道先算什么、再算什么。你们能自己试着写一遍吗？在你们的学习单上写一写。

师：我看到有一个同学是这样写的，你有没有想提醒他的？（板书该同学的算式）

生 1：他写了两个得数，第一行的横式后面也写了得数。

师：横式后面需不需要写得数？（生：不需要）好的，你们还有想说的吗？

（学生就书写格式的规范展开讨论）

师：如果写得不规范，请改一改。

【设计意图】本环节主要引导学生体会运算顺序的合理性和掌握递等式的书写规范。教学中，引导学生首先明确数量关系，再通过数量关系列出综合算式并解答。反馈时，要求学生结合算式的现实意义说明"先算乘法"的依据，从而进一步体会运算顺序的合理性。递等式的书写规范作为陈述性知识，要求学生在讲练结合中逐步掌握，而对递等式书写顺序和运算顺序具有一致性的感悟，则是学生从感性认识上升到理性认识的关键。

（二）变式练习，深化理解

师：同学们，刚才我们根据这样的等量关系列出了综合算式，如果老师变一变，你们知道该怎样计算吗？（交换位置：20＋5×3）

师：这个综合算式，我们该先算什么呢？

生：还是应该先算 5×3，因为数量关系式里 3 本笔记本的价钱是不知道的，所以我们要先算 5×3。

师：要求一共用去多少元，必须得知道什么呢？

生：3 本笔记本的价钱。

师：同学们，你们能用递等式来计算这个式子的结果吗？

师：再看一看这个同学写的（第一步是 15＋20），你们和他的格式一样吗？

生 1：有点不一样，他把 15 和 20 的位置调换了。

生 2：应该是 20 在前面。

师：那到底应该写 20＋15 还是 15＋20 呢？

生 3：因为前面那个是 20＋3×5，所以我觉得 20 应该写在前面。

师：你的意思是我们没有参与运算的数字和符号要照抄下来，也要写在相应的位置，是这样吗？

生 3：是的。

师：虽然这两个算式的结果是一样的，但是我们在第一次认识递等式的过程中，要把没有参加运算的符号和数字直接照抄下来，并且写在相对应的位置，防止学习更复杂的混合运算中出现错误。

（三）对比观察，感悟规则

师：那么，在这两个既有乘法又有加法的混合算式中，它们的运算顺序有何相同之处？

生：都是先算乘法。

师：在这个乘法和加法的运算中，我们都要先算出 3 本笔记本的价钱，所以无论乘法在前，还是乘法在后，我们都要先算乘法。

【设计意图】本阶段意在规范递等式的书写，对学生在用递等式计算的过程中常出现的问题进行剖析，为后面学生自主解决问题打下基础。同时，进一步体会运算顺序的合理性以及书写的具体要求。

（四）运用规则，自主练习

师：再看教材中第二个问题，谁来读题？

生 1：小晴买两盒水彩笔，付出 50 元，应找回多少元？

师：读完题，你有什么想说的？

生 1：付出的 50 元－2 盒水彩笔的钱＝找回的钱。

师：你们能根据这样的数量关系列出综合算式，再用递等式来计算吗？

（学生计算后反馈）

生 1：先算出水彩笔的价钱是 30 元，然后 50－30＝20（元）。

生 2：第一步计算时，50 没有参与，要抄下来。

（五）综合对比，明确规则

师：同学们，观察一下我们黑板上的三道综合算式，左边是什么和什么的混合运算，右边的是什么和什么的混合运算，它们的运算顺序有什么相同之处？

生：左边是乘法和加法的混合运算，右边是减法和乘法的混合运算，我们在算的时候都是先算乘法，再算加法或减法。

师：算式中有乘法和加法、减法，应先算乘法。

【设计意图】经历了前期的铺垫，这个环节更多的是放手让学生评议，学生通过自己的讲解和对比，进一步理解数量关系与算式各部分的对应关系，感悟运算规则的合理性，掌握递等式的书写规范。

四、练习巩固，理解规则

（一）基础练习

师：我们认识了运算规则，现在来小试牛刀。翻开教材第35页找到"想想做做"的第一题。看看每题先算什么，再用递等式计算。等会请三个同学到黑板上计算。

$$16 \times 6 - 9 \qquad 38 + 4 \times 15 \qquad 80 - 23 \times 3$$
$$= \boxed{} - \boxed{} \qquad = \boxed{} - \boxed{} \qquad = \boxed{} - \boxed{}$$
$$= \boxed{} \qquad\qquad = \boxed{} \qquad\qquad = \boxed{}$$

（学生独立完成后，集体交流）

生1：第一道算式是乘法和减法的混合运算，先算 $16 \times 6 = 96$，再算 $96 - 9 = 87$。

生2：第二道算式是乘法和加法的混合运算，先算 $4 \times 15 = 60$，再算 $38 + 60 = 98$。

生3：第三道算式是乘法和减法的混合运算，先算 $23 \times 3 = 69$，再算 $80 - 69 = 11$。

（二）纠错练习

下面的计算对吗？把不对的改正。

师：翻到教材第35页，找到"想想做做"的第二题，我们一起来看看吧！

$$50 + 50 \times 7 \qquad 40 - 7 \times 4 \qquad 15 \times 3 - 25$$
$$= 100 \times 7 \qquad\quad = 28 - 40 \qquad\quad = 45$$
$$= 700 \qquad\qquad\quad = 12 \qquad\qquad\quad = 20$$

（学生独立完成后，集体交流）

生1：$50+50×7$ 是加法和乘法混合，应该先算乘法。

生2：$40-7×4$ 中，第一步不参与计算的 40 要照抄下来，不能改变位置。

生3：$15×3-25$ 中，第一步没有参与计算的 -25 要照抄下来，不能丢掉。

师：丢掉除了不符合规则，就算式本身而言有什么问题？

生：递等式也是等式，丢了等式不成立。

（三）解决问题

师：翻到教材第 35 页，找到"想想做做"的第五题，我们一起来看看吧！

成人票15元
儿童票8元

（1）买4张成人票和1张儿童票，应付多少元？
（2）用100元买12张儿童票，应找回多少元？

（学生独立完成后，集体交流）

【设计意图】本环节的设计有三个层次。首先是基于认知基础的练习，计算的每一步都标记了填空的位置，学生在计算时带着"先算什么，再算什么"的思考计算，有助于对运算规则的巩固。其次要求学生先对算式的计算过程进行审视，发现错误之处，分析错误的原因，然后再进行改正。最后属于解决问题的题目，符合"算用结合"的学习要求。

五、回顾总结，埋下伏笔

师：通过本节课的学习，你们收获了什么？

生：两步混合运算。

师：还有想说的吗？

生1：学会了写递等式。

生2：我学会了算式中有乘法、加法、减法和除法，要先算乘法、除法。

师：你提到了除法，我们今天还没有学到除法，这将是我们后面学习的内容。今天我们主要学习的是不含括号的两步混合运算，后面我们会认识小括号，剩下的内容留到以后再进行探索吧！

课例2："运算律"第一、二课时教学实录

教学内容

苏教版小学数学四年级下册第六单元，教材第55、56页。

内容解析

从知识体系来看，"运算律"属于"数与代数"领域。运算律不仅仅是学生理解加、减、乘、除四则运算算理，发展运算能力的重要基础，还是学生进行简便计算的重要依据。教材关于"加法运算律及其简便计算"共安排了三个课时，第一、二课时教学加法交换律和结合律，重点引导学生在解决实际问题的过程中，理解不同算式间的相等关系，发现"规律"，提出猜想，再举一些具有相同特征的例子来验证。学生能通过观察、比较和分析归纳出规律，并用自己能理解的方式描述规律，进而获得对加法运算律的认知和理解。

从思想方法上来看，教材通过比较算法、概括论证猜想、构建应用规律3个方面展开论述，提升学生运算能力的同时，培养推理意识、符号意识，使学生初步形成模型意识，并为后面学习乘法运算律积累必要的探究经验。

学情分析

本单元教学前，对区域内多所学校的教师和学生做了访谈和前测，有关第一课时的几个典型的现象引发了我们深思。

教师层面：一是表示常态课中一节课"上不完"；二是公开课中，教师更愿意选择北师大版教材的编排（加法交换律和乘法交换律）来设计教学。经分析，这两种现象的根本原因是一致的：在加法交换律的学习中，学生深度体验"观察→猜想→验证→结论"的探索过程需要大量的时间，如此在40分

钟教学时间内，无法有效达成加法结合律的迁移学习。

学生层面：一是四年级学生对加法的交换性几乎是完全认同的，对专门用一节课来教学表示不理解，事实上，从学生刚接触加法时，教材就已经主动渗透加法具有交换性（分与合、一图两式、加法验算等）；二是五年级学生仍然把运算律价值定位为简便运算，多见于考试中的简便运算计算题，对学习中利用运算律实现算式等值变形不自知，对运算律作为运算的固有性质感知不足。

教学目标

（1）引导学生从已学加法运算中发现"变与不变"的共性特征，感知运算中蕴藏规律，并能用字母式描述规律，发展符号意识。

（2）经历探索加法交换律和结合律的规律探究过程，掌握探索规律的一般方法，体悟其合理性，并能自觉迁移。进一步培养学生合情推理和演绎推理能力。

（3）整体观察和对比 5 个运算律，初步体会到同一运算和不同运算间的运算规律具有联系性，四则运算中的运算规律具有普遍性。

教学重难点

重点：经历探索加法交换律和结合律的规律探究过程，掌握探索规律的一般方法。

难点：体悟探索规律一般方法的合理性。

教学过程

第一课时

一、导入：运算的规律

师：同学们，这一个单元，我们将围绕"运算律"知识来学习，看到这个课题，你们有什么想说的？

生 1：什么是运算律？

生 2：运算有哪些规律？

师：他不仅提出了一个新问题，还对上一个问题做出了回答，谁听出来了?

生3：运算律就是运算的规律。

生4：运算律有什么作用?

生5：什么时候用运算律呢?

师：同学们刚刚提出的问题都很有价值，这是一件非常了不起的事情，数学学习往往就是从问题开始的。

师：刚才我们知道了"律"就是规律的意思，我想在学习之前，还有一件事得弄清楚，是什么呢?

生：运算。

师：关于"运算"，你们都知道了什么?

生1：已经学习了加、减、乘、除4个运算。

生2：混合运算。

生3：运算顺序。

师：你们打算从哪个运算开始研究呢? 为什么?

生1：加法，因为加法是最简单的。

生2：加法，因为最早学的运算就是加法。

【设计意图】本环节设置主要出于两个方面的思考，一是"是什么""为什么""怎么用"这类看似"套路"的问题，实质上是学生在掌握知识的基础上多了细节的思考后提出的，而伴随学习的深入，新的问题不断产生，学生会提出更加深刻的问题，让"套路提问"变成"真提问"。二是关于"运算"的解读，意在激活学生已有的知识经验，使学生感知到新知学习是建立在已知的基础上，就是在"运算"中"找规律"而已，让"运算律"褪去神秘的面纱，再顺应学生选择从简单的加法开始研究，自然搭建轻松、无压力的学习场域。

二、新知：加法交换律

（一）发现规律

师：既然是学习加法运算的规律，我们不妨在以前学习过的加法运算中找一找。

（出示三幅插图）

第1课时学习单（1）

5人和1人，合起来是6人。

1人和5人，合起来是6人。

$5+1=\boxed{6}$
$1+5=\boxed{6}$

你能用竖式计算吗？先算一算，再和同学交流。

```
  1 4 2          8 6
+   8 6        +1 4 2
─────────      ─────────
 2 2 8          2 2 8
```

要知道算得对不对，可以怎样做？

可以交换两个加数的位置再算一遍。

13.

700米　　　　　500米

小军家　　　　　　大生家　　　　　小玲家

小军家离小玲家多少米？

$$700+500=1200（米）$$
$$500+700=1200（米）$$

仔细观察每一幅图中的问题和解答过程，你有什么发现？

师：有印象吗？（有，之前学过）仔细观察每幅图中的问题和解答过程，你们有什么发现？

生1：它们的数都调换了，但是结果是一样的。

生2：加数的位置调换了，但是和不变。

师：同学们在表达上不尽相同，但都关注到了什么变化了，什么没有变化，聚焦"变与不变"是我们探索规律的起点。（板书）

师：你们能结合着图中的算式来具体说一说吗？

生1：（第一幅图）$5+1=6$，$1+5=6$，5和1换了位置，和都是6。

师：如果两个式子的结果相等，用哪个符号连接？

生：等号。

师：我们用"＝"来表示相等的关系。（板书：$5+1=1+5$）

生2：（第二幅图）142和86换了位置，和都是228，相等关系是$142+86=86+142$。

生3：（第三幅图）相等关系是$700+500=500+700$。

师：观察3个等式，你能用一句话来描述这些相等关系吗？

生1：两个加数变了，和不变。

生2：加数没有变，是加数的位置变了，和不变。

师：你观察得很仔细，表达得也很准确。再准确一点，是几个数相加？

（板书：两个数相加，交换加数的位置，和不变）

【设计意图】 本环节没有采用教材给的情景，选择了多个学生熟知的素材，引导其通过观察发现运算中相等关系的普遍性，为其他运算律的类比学习埋下伏笔，既延续了导入环节的设计逻辑，又尊重了学生认知特征。此外，如此安排也为规律验证学习阶段"几何意义"的体现提供抓手。

（二）验证规律

师：现在，我们就说这是加法的一个运算规律，你们觉得合适吗？

生1：不合适，它太简单了。

生2：我反对刚才同学的说法，规律不一定是很复杂的。

生3：不合适，我觉得例子太少了，还要多举一些才行。

师：数学学习就需要这种严谨的态度，仅通过几个例子的发现就说是规律是不科学的，现在它只是一个猜想。到底对不对呢？还需要什么？

生：验证。

师：你们打算如何验证？

生1：我想再举一些例子。

生2：我想画图试试。

师：那就用你们喜欢的方式，试着来验证吧！

（学生活动，汇报交流）

（1）学生列举其他数来验证。

（过程略）

（2）学生通过图示来验证。

生1：无论是6个圈加3个圈，还是3个圈加6个圈，都是9个圈，数量是可以变化的。（出示学生图示）

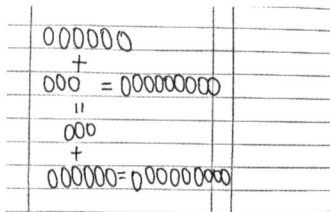

师：他的方法和一年级数数的道理很相似，你们能试着用数数的方式解释吗？

生2：6＋3就是在6个之后再数3个，7→8→9个；3＋6就是在3个之后再数 6 个，是 4→5→6→7→8→9 个。

师：加法，其实就是数的累加过程，计数的顺序不影响计数的结果。

师：这里每一个圈除了可以表示"1"，还可以表示哪些数？

生 1：我想到了，它可以表示任何一个数。

师：是啊，这样你的验证就更加有道理了，真了不起。

生 4：700＋800 表示两家的距离是 1500 米，800＋700 也表示两家的距离是 1500 米，所以 700＋800＝800＋700。这些数也可以是任意的数。（出示学生图示）

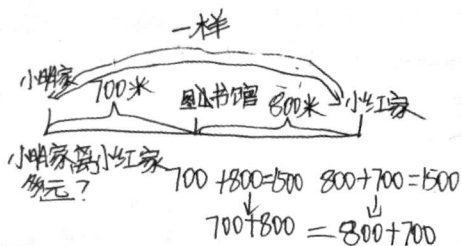

师：度量方向不影响度量结果，和上一个同学的思路是一致的。

【设计意图】探索规律的学习，学生是有一定经验的，所以，学生不将对几个例子的观察发现简单认同为规律是有基础的。本环节教学中，在举例验证深入人心的前提下，教师对学生画图验证的方式进行深度引导，追本溯源，从加法意义的角度理解加法的运算规律。

（三）表达规律

师：刚才，同学们为了验证猜想，举出了很多例子，这样的例子太多啦，能不能用一个简单的式子来表示呢？

生 1：1＋2＝2＋1。

生 2：这个式子只能表达一种，我觉得不合适。

生 1：1 表示第一个加数，2 表示第二个加数。

师：这会儿明白了，原来这里的 1 和 2 是序数的意思呀！

生 3：$a＋b＝b＋a$，a 和 b 表示两个加数。

生 4：用字母来表示很简洁，也可以换成 c 和 d。

师：用字母来表示数，这在数学中比较常见。

生 5：甲数＋乙数＝乙数＋甲数。

生 6：△＋○＝○＋△。

师：同学们的方法都值得肯定，用数字表示是数字符号，文字表示是文字符号，图形表示是图形符号，字母表示是字母符号。不管哪一种都是用符号来表达规律，这是一件非常了不起的事情。在数学上，我们一般用字母符号。所以，加法交换律可以怎么表示？

生：$a+b=b+a$。

师：回到同学们的验证材料（素材图）中，a 和 b 在这些等式（图中）表示什么？

……

【设计意图】在确定加法运算律的字母表达式（$a+b=b+a$）后，教师引导学生回到自己举出的等式、图示或学习单的素材中，感受字母 a 和 b 的代表性。学生主动或被动地把具体的数量转换成 a 和 b 后，完成了从形象思维到抽象思维的过渡，具有一般性的数学模型自然形成。

（四）回顾思考

师：回顾探索加法交换律的学习过程，我们是如何学习加法交换律的？

（互动交流，梳理探索运算规律的过程）

师：这样探索规律的过程，之前也有类似的学习经历吗？

……

【设计意图】引导学生梳理探究加法交换律的全过程，明晰学习路径——观察、猜想、验证、结论，厘清思维脉络——合情推理。学生在本环节学习中积累了丰富的探索规律的活动经验，既有已有经验的调用和重现，又有新经验的内化和生长。在以后的学习中，学生会自觉地运用经验探索新的问题，为后续学习提供了可迁移的学习策略。这是单元整体教学可迁移特征的体现。

三、呈现：5 个运算律

师：学到这，关于运算律，你们是否有一些新的疑问？

生1：还有没有其他的运算律？

（整体呈现 5 个运算律及其字母表达式，学生自主探究）

> 第 1 课时学习单（2）
>
> 加法交换律：$a+b=b+a$
>
> 加法结合律：$(a+b)+c=a+(b+c)$
>
> 乘法交换律：$a\times b=b\times a$

乘法结合律：$(a×b)×c=a×(b×c)$

乘法分配律：$(a+b)×c=a×c+b×c$

认真观察上面 5 个运算律。

（1）你有什么发现？（可以从每个运算律等号两边式子的相同点和不同点，几个运算律之间的相同点和不同点等角度思考）

（2）你是否有了新的疑问？（可以直接提问）

生 1：我发现运算律有很多。

生 2：这些运算律里面都有等号。

师：这是它们的共性，等号用来表示相等的关系，这些运算律表达的都是相等关系。

生 3：等号两边的式子是不相同的，有的改变了数的位置，有的改变了运算的顺序。

师：你们也发现了吗？谁能具体说一说？

生 4：加法交换律改变了加数的位置，加法结合律中加数的位置没变，但是运算顺序改变了。

生 5：就是括号的位置改变了，括号改变运算顺序。

师：这是我们已有的经验，能对比着观察很了不起。还有谁想说一说？

……

师：看来，每一个运算律的学习，我们首先都要聚焦"变与不变"。

生 1：我发现加法交换律和乘法交换律很相似，它们只是符号不同，是有联系吗？

师：既有发现，又提出了新问题，你真了不起！符号不同是什么意思？有联系吗？

生：有、没有。

【设计意图】整体呈现 5 个运算律，通过类比观察，引导学生现行了解单元学习任务的全貌，感知运算律是多种多样的，但都表述一种相等关系，都应从"变与不变"的角度展开学习，且相同运算和不同运算之间都存在着联系，为构建整个运算律知识的结构网络奠定基础。

四、整理：未解的问题

师：意见不同，没关系，后面我们会继续学习。同学们不仅在相同运算中对比，也会在不同运算中对比，这个学习方向是正确的。有没有新的问题呢？

生1：加法为什么没有分配律？

生2：减法和除法为什么没有运算律？

生3：还有其他的运算律吗？

师：同学们通过不同角度的对比，提出了很多问题，它们都很有研究价值，但是在一节课中解答显然不现实。连同课前同学提出的问题，我们将在这个单元的后续学习中一一解答。

师：下节课，你们想学习什么？

生1：加法结合律，先把加法学习完。

生2：乘法交换律，它和加法交换律很相似。

师：都有道理啊，那打算怎么学呢？今天学习加法交换律的过程有没有给你们启发？

……

【设计意图】从课始到课中再到课尾，始终让学生清楚地意识到"之前在哪""现在在哪""未来去哪"，换而言之，在知识的发生发展全程中，学生不是被动地学习，而是带着经验沿着符合认知规律的路径主动学习，始终处于的单元整体性的学习场域中，这是单元整体教学整体性特征和结构化特征的体现。

第二课时

在上节课中，同学们提出了很多问题，比如：这些运算律之间有联系吗？它们探究方法是相通的吗？仅凭学习加法交换律是不够的，这节课我们接着探究。

一、聚焦"迁移"，凸显"整体性"

（一）学习导入：基于"经验"

师：上节课中同学们学习了加法交换律，你们能谈谈自己的收获吗？

生1：上节课我们首先从观察开始的。

生2：找到图中的"变与不变"，从而提出猜想。

生3：我们还通过举例验证了猜想。

生 4：也可以画一个图来说明。

生 5：可以字母来表示运算律。

师：数学知识的学习，往往起源于用数学的眼光观察，在上节课中，同学们聚焦到变与不变。经过大胆的猜想，又从局部的几道算式过渡到了整体，这样的猜想很值得肯定。

【设计意图】 本环节教学主要基于以下两点思考：一是引导学生在知识和思想方法层面梳理第一课时学习的过程，既尊重学生的认知特征，又为本节课的学习奠定基础。二是从教学实践来看，加法结合律知识本身的难度使得部分学生在自主探究中存在一定的困难。单元整体教学不仅要做到知识的整体性，更要面向学生的整体性。

（二）新知探究：聚焦"迁移"

（课件出示情境）

第2课时学习单（1）

加法结合律研究素材：

28个男生跳绳　　17个女生跳绳　　23个女生踢毽子

跳绳和踢毽子的一共有多少人？

（28+17）+ 23 　○　 28+（17+23）

（明晰已知条件和问题）

师：这个问题你们打算怎么解决？

生 1：先算跳绳的人数，再加上踢毽子的人数。［板书：（28＋37）＋13］

生 2：先算女生的人数，再加上男生的人数。［板书：28＋（37＋13）］

师：同学们，这两个式子之间有什么关系呢？关系的背后又隐藏着怎样的运算规律呢？下面就把时间交给大家，拿出学习单先独立探究再汇报交流。

生 1：通过计算，我发现两边的式子相等，在○里填的是"＝"。我发现数的顺序变了，得数不变。我提出的猜想是改变数的顺序，答案不变。我写了 1＋7＋9＝1＋9＋7，3＋4＋7＝3＋7＋4 来验证。

生 2：我有质疑，等式两边改变的是运算顺序，而不是数的顺序。改变数的顺序就是加法交换律了。验证环节举的例子应该改为 $(1+7)+9=1+(7+9)$，$(3+4)+7=3+(4+7)$。

生3：他的猜想也有问题，首先要说这是加法运算，改变运算顺序，数不变。

生4：我要补充，刚才他举的例子只能代表这几个数，我举的例子是 $(a+b)+c=a+(b+c)$。

生5：我想说她举的是字母式子，已经代表结论了，这是验证。

师：我提议把掌声送给这几个同学，就在这一争一辩之间，我们对相等关系背后蕴含的规律又有了新的发现。我们再来听下一个同学的介绍。

（学生介绍作品，介绍得比较完整，学生们主动鼓掌）

师：为什么要给她鼓掌？

（师生共同明确加法结合律的规律本质、厘清探究过程）

师：看来探究加法交换律的方法也可以帮助我们验证加法结合律，方法是相通的。

【设计意图】运算律的本质是相等关系。在自主探究环节，学生从寻找相等关系开始，经历合情推理、验证相等关系的过程，学会描述相等关系（加法结合律），聚焦知识本质的单元整体教学理念贯穿始终。同时，学生在自主探究过程中深刻体验了两节课在学法上的统一性，体现了单元整体教学的"可迁移"特征。

二、注重"关联"，完善"结构"

（一）沟通关联：类比观察

师：通过刚才的学习，对于加法运算律，我们知道了它们是什么，真正的学习不能仅仅停留在表面，深入思考一点：这两个运算律之间有什么相同点和不同点呢？

生1：不同点是加法交换律是两个加数，加法结合律是3个加数。

生2：我补充，不同点还有加法交换律改变了加数的位置，加法结合律改变了加法的运算顺序。

生3：相同点都是加法运算，而且和不变。

师：刚才我们在知识的层面发现它们之间的联系，学习方法上也有联系吗？

（师生交流：观察→猜想→验证→结论）

师：看来我们研究的对象在变，但研究的方法、学习经验不变，这就是数学基本方法和基本学习经验的力量。

【设计意图】本课教学的另一核心价值是引导学生通过类比找到加法运算律在知识本质与学习方法间的关联性。在设计层面，沟通与单元开启课的联系，建构加法运算律的结构性，并为乘法运算律的探究埋下伏笔。本环节教学，首先在"形"上把加法的两个运算律进行对比，引导学生发现它们的相同点和不同点，让学生感知到加法两个运算律不是孤立的知识，在本质上是有关联的，为接下来构建乘法运算律知识的结构铺垫。其次在学法上把加法运算律两次探究的过程进行对比，引导学生感知学法上也是有关联的。

（二）沟通关联：价值体现

师：观察左右两边的式子，它们相等吗？为什么？

（出示课件）

> 观察左右两边的式子相等吗？请说明理由。
>
> （1）$82+8 \bigcirc 8+82$
>
> （2）$(84+68)+32 \bigcirc 84+(68+32)$
>
> （3）$75+(47+25) \bigcirc (75+25)+47$

（在这一环节，生集中讨论在第三个等式是否用了加法交换律）

生1：加法交换律是两个数相加，而这里是三个数相加。

生2：括号里的47与25交换了位置。

生3：把括号里的算式看成一个整体，就是两个数相加。

师：看成整体，那这里就运用了——

生：加法交换律。

生4：第三道式子先运用加法交换律，再运用加法结合律。

师：你们的判断是通过计算得出的结论吗？有什么感受？

生1：不是，是通过加法运算律来判断相等的。

生2：感觉计算结果与计算顺序没有关系。

生3：计算结果和加数的位置也没有关系。

师：看来加法运算律让加法运算更灵活、合理。

师：第二、三个等式中，等号左右两边的式子，你更愿意计算哪一道？

生1：右边的式子，因为 $68+32=100$，$75+25=100$。

生2：这样计算更简便。

师：看来我们可以利用加法交换律、结合律来改变加数的位置、运算的顺序，使计算更简便，想不想试一试？

【设计意图】"运算律"单元整体教学前，研究团队对多所学校五年级学生进行了调研，绝大多数学生表示运算律的价值就是简便运算。这种浅层次理解给完善结构化知识带来了影响。本环节的教学旨在让学生感知到加法运算律在支撑加法运算灵活性上的作用。

(三) 沟通关联：完善结构

师：通过刚才的计算，你们有什么发现呢？

生1：4个数相加也能运用加法运算律。

生2：更多的数相加也可以。

师：计算中，你会想先用了什么运算律，后用了什么运算律吗？为什么？

生1：没有，这样太麻烦了。

生2：不管多少个，不管怎么算，都是这些数相加。

生3：不管是改变加数的位置，还是运算的顺序，和都不变。

(根据学生发言，整理板书)

【设计意图】从知识逻辑来说，运算律与相关运算的定义是相伴相生的。在定义四则运算的同时即需考虑"能否由定义出发合乎逻辑地推导出相应的运算律"。这个本质上属于演绎的推导过程，与小学数学通常采用的探索、发现过程结合起来，可以使运算律的合理性得到进一步确认。教学至此，学生把加法的运算性质进行了统一，初步完善了知识的结构化模型，为后续学习乘法运算性质提供了直接经验。单元整体教学下的自主探究课，学生学习的不仅仅是基本知识，更培养了对数学基本知识与基本活动经验的迁移能力，注重理解知识与方法间的关联性，从而完善对知识认知的结构化与整体性。

第5章　图形与几何

5.1　图形的认识

5.1.1　整体解读

小学阶段"图形与几何"领域主要研究的图形的形状、大小和位置关系。其中,"图形的认识"是该领域中的一个重要主题。图形的认识是一种抽象过程,它从现实物体中抽象出立体图形,然后逐渐抽象出平面图形及其组成要素。通过平面图形,我们可以刻画和想象立体图形。

分类是认识图形的重要方法,它概括了一类图形的共性和不同图形的差异。为了更好地认识图形,我们需要分析图形的要素及其之间的关系以及图形与图形之间的关系。在此基础上,我们可以通过归纳、类比提出猜想,并尝试进行验证来研究图形。

图形的认识与图形的测量密切相关。图形的认识是测量的基础,而测量则是从度量的角度来加深对图形的认识。在学习过程中,图形的认识呈现出"立体—平面—立体"的整体学习进程。

在第一学段,我们初步认识立体图形和平面图形。这个阶段主要是从实际物体中抽象出立体图形,然后从立体图形中抽象出平面图形。重点是直观辨认以及感受二维图形、三维图形之间的关系。

在第二、三学段,我们从图形各要素之间的关系角度来认识和刻画常见的平面图形和立体图形。这个阶段重点是探索图形的特征,并沟通平面图形之间、立体图形之间以及平面图形与立体图形之间的联系。核心是刻画图形各要素之间、图形之间(尤其是二维和三维图形之间)的关系。

5.1.2　课标解读

2022 年版课程标准指出，图形的认识主要是对图形的抽象。学生经历从实际物体抽象出几何图形的过程，认识图形的特征，感悟点、线、面、体的关系；积累观察和思考的经验，逐步形成空间观念。此外，在图形的认识过程中，我们也要关注学生几何直观和推理意识的发展。

空间观念主要是对空间物体和图形的形状、大小及位置关系的认识。从中可以看出要实现两次转化：第一次转化是能够根据物体特征抽象出几何图形，其核心是把三维空间的物体用线条描绘在二维平面上；第二次转化是根据几何图形想象出所描述的实际物体，其核心是把二维平面上的图形通过想象还原为三维实际物体。

几何直观主要是指运用图表描述和分析问题的意识与习惯。图形的认识要求学生能够辨认各种几何图形及其组成元素，依据图形的特征进行分类；根据语言描述画出相应的图形，分析图形的性质；建立形与数的联系，构建数学问题的直观模型。几何直观有助于把握问题的本质，明晰思维的路径，为学生认识图形特征提供重要的价值。

推理意识主要是指对逻辑推理过程及其意义的初步感悟。可见，能够通过简单归纳或类比，猜想或发现一些初步的结论，体现了有条理、讲道理地进行猜想、发现和合理解释的重要性，具体表现在对图形特征的猜想与验证中。

另外，"图形的认识"主题知识的学习为学生形成应用意识和创新意识奠定了基础。

5.1.3　课例研究

课例 1："认识三角形"教学实录

教学内容

苏教版小学数学四年级下册第七单元，教材第 75、76 页。

内容解析

本课时是"三角形、平行四边形和梯形"单元中的内容，属于"图形与几何"领域下"图形的认识与测量"主题下"图形的认识"的部分内容。图形的认识主要是对图形的抽象以及对图形各要素、特征的认识。本课时需要发展的学生的核心素养有空间观念。在学生认识了线段、射线、角之后，知道了角各部分的名称以及两条直线间的位置关系等内容后，进一步认识三角形的要素，为后面学习平行四边形、梯形等多边形的面积打下基础。

学情分析

基于先前对线和角的认识过程，长方形和正方形这两种平面图形周长和面积研究的历程，此时学生空间感的构建有一定的积累。空间和几何板块涉及的认识类课程，很多学习探究的方式和知识的构建体系都有着一定的联系，所以在本课教学中一些类似的探究过程，学生是有经验可以借鉴的。另外三角形是与生活联系较为紧密的一种图形，学生的生活经验较为丰富，感知上也很翔实。

教学目标

（1）认识三角形的特征，掌握三角形高的画法。

（2）在活动中提高学生的观察、操作能力。

（3）在活动中体验数学与生活的联系，在合作中增强学习的信心。

教学重难点

教学重点：理解三角形的概念及三角形各部分的名称。

教学难点：理解和掌握三角形高的画法。

教学过程

一、联系生活，创设情境

师：同学们，今天丁老师给大家带来了两张非常漂亮的照片，请看。

生：埃及金字塔。

师：你们都知道埃及金字塔，再来！

师：壮观的大桥，告诉你们，其实在这两张照片上都藏着一个我们熟悉的老朋友，用数学的眼光观察一下，是什么？

生：三角形。

师：三角形被藏在哪里呢？谁愿意上来指一指？

生 1：金字塔的三角形在这里，大桥的三角形在这里。（边指边说）

师：真好，请回。除了他找到的这些，还有没有其他的？谁还想来试试？

生 2：除了刚刚她找到的，这是一个三角形，还有这里也是一个三角形。

师：我们常说数学来源于生活，除了图片上大家刚才找到的三角形，生活中你还在哪见过三角形？好，有同学想到了。

生 3：旗子。

生 4：红领巾。

生 5：玩具。

师：看来三角形在我们生活中的应用非常广泛，同学们有没有想过，为什么三角形会得到我们的青睐？今天这节课我们就来好好研究它。（板书课题）

【设计意图】从现实情境出发，出示埃及金字塔和大桥的图片后，通过在图中寻找三角形的活动来激活学生脑海中三角形的表象，并根据表象在图中指出相应的三角形，帮助学生从现实情境中抽象出三角形。

二、循序渐进，探索新知

（一）画三角形

任务一，请你任意画出一个三角形。

师：画好的同学可以把你画的和同桌画的放在一起比一比，看看有什么发现？

师：收集到几个同学的作品，一起来看一看。

（依次展示学生作品）

师：刚才你们画的时候，老师在黑板上也画了一个，你们看我画的这个是三角形吗？

生：是的。

【设计意图】由学生直观表象展开联想，在举例描述的过程中进一步丰富有关三角形的表象。进而要求学生画一个三角形，把头脑中三角形的表象用图形表示出来，实实在在地经历用线段围成三角形的过程，体会三角形边与角的特点。在上述"指—想—画"的活动过程中，帮助学生逐步实现三角形的抽象。

（二）探究三角形的特征

师：现在问题来了，同学们刚才画的这些三角形，它们有的高，有的矮，有的胖，有的瘦，好像形状并不完全相同，为什么它们都是三角形？

生1：因为三角形有很多种，有等腰三角形、等边三角形等。

师：你知道的还真不少，不过说到这些概念，其他同学并不一定都知道。来，仔细观察这些图，想一想，为什么它们都是三角形？

生：它们都有3个角和3条边。

师：那现在谁来上面指一指三角形的边在哪里？有几条？长什么样子？

生1：三角形的边在这里、这里和这里，有3条。

师：说说都长什么样子？

生2：他们都非常直。

师：有没有补充？数学课上咱们就要用数学的眼光来看，他说这两边挺直的，我觉得还不行。

生3：原来三角形3条边其实就是我们以前学习的线段。

师：角在哪？又有几个呢？

生4：这个是角，这个是角，这个也是角，一共有3个角。

师：不过我提个建议，指角的时候如果只是这么指，是不规范的，还记得我们以前怎么标角的吗？标角的时候可以用角的符号，这样可以看得更清楚。

师：除了角，还看到了什么？

生5：顶点。

师：对，那是顶点。你觉得三角形有几个顶点？

生5：3个。

师：如果从线段的角度来看，这个顶点其实就是线段的端点。

师：我们发现三角形有3条边、3个角、3个顶点。

师：有的同学注意到没有，一条线段有两个端点，怎么这里3条边却只有3个顶点呢？不着急再看，一个角有两条边，怎么三角形3个角就只有3条边呢？

师：先独立思考，再小组商量商量。

（小组讨论）

生1：有的两条边共用了一顶点。这旁边的这条边有一个顶点，最下面的这条边也有一个顶点，然后最旁边这条边也只有一个顶点，把它们连起来就是3个顶点。

师：（动画演示3条分开的线段合成一个三角形，每两条线段共用一个顶点）刚才这个同学讲得非常好，共用一个顶点在数学上，我们就说这样相邻的两条线段它们的端点相连。

师：继续，3个角怎么只有3条边呀？一个角不是有两条边，为什么3个角就只有3条边？

生2：相邻的两个角共用一条边。

师：哇！太厉害了。（动画播放）

师：通过刚才的研究，同学们发现，咱们对三角形的认识好像又进了一步。如果把三角形放在很多图形当中，你们能不能很快地把它们全部找出来？

生：能。

师：仔细看一看，这么多东西，谁能上来把三角形全部找出来？现在就请你上来把三角形拖到一边，其他同学认真观察。

（学生上台拖动）

师：这4个图形为什么都是三角形？

生1：因为他们都有3条边、3个角和3个顶点。

师：我发现咱们班同学太会学习了，在判定的时候都准确地把握了三角形的特征和要素。

生2：⑥号图形3条边不是直的。

生3：②号图形有4条边，三角形只有3条边。

生4：③号图形有3个角，但它的角都不是直的。

师：⑧号图形存在着一定的争议，取决于我们是看整体，还是看部分。

师：如果我们这里是指看整体，这就不是三角形，但是我觉得今天我们要把掌声送给这个同学，为什么呢？因为他告诉我们一个道理，数学有的时候并不是非对即错，有的时候加上一个条件，结果又不一样了。请大家把掌声送给他！

师：真棒。有的时候，课堂上真的需要不一样的声音。

师：回顾刚才的学习过程，我们先是找三角形，然后画三角形，再又辨认三角形，现在你们说说到底什么样的图形是三角形呢。

生1：三角形有3条边，有3个角，还有3个顶点。

生 2：3 条边有 3 个角还有 3 个顶点，这些符合三角形的标准才是三角形。

师：好，每个同学都说了自己对三角形的理解，用数学语言描述：由三条线段围成的图形就是三角形。

（三）构造三角形

师：在 4 个点当中任选 3 个点作为顶点试着画一个三角形，边画边体会刚才我们对三角形的描述。

师：画好的同学用坐姿告诉老师。在同学们画三角形的过程中，我也画了一个三角形，它有一个角是钝角。你们觉得我选择哪 3 个点？

生 1：A、C、D。

师：我们来验证一下。（动画演示）

师：想不想和大家一起分享一下你所连的三角形，让我们来猜猜你选了哪 3 个点。

生 2：三角形里面有两个锐角。

生 3：A、B、C。

生 4：A、C、D。

生 5：他说的这个条件不行，每个三角形里至少有两个锐角。

师：有道理，你重新说一个条件。

生 5：3 个锐角。

生 6：A、B、C。

（掌声）

师：通过刚才的游戏，我发现大家都能准确地描述三角形的特征。刚才为什么没有同学选 B、C、D 这 3 个点？

生 1：B、C、D 连起来不是一个三角形。

生 2：因为 B、C、D 连起来是一条线段。

生 3：3 条线段在同一条直线上连不成三角形。

师：如果我们想把 B、C、D 这 3 个点连成三角形，你们有什么好的建议？

生 1：把其中一个点移动。

生 2：把其中一个点往上移动，也可以往下移。

（任选一个点移动，如 C 点）

师：C 点在变，三角形怎么变？

生：三角形慢慢变高了。

师：这是我们接下来要研究的问题。

【设计意图】学生对三角形有了直观认识之后，聚焦三角形顶点的特征，在操作中让学生明白三角形的三个顶点不共线的关系。从学生视角出发，让学生在探索中发现数学的奥秘，增强学生的体验感和自信心。再通过问题"如果我们想把 B、C、D 这 3 个点连成三角形，你们有什么好的建议"引发学生思考，一方面巩固三角形的特征，另一方面为后面学习三角形的高埋下伏笔。

（四）认识三角形各部分名称

（1）自学阅读材料。

师：结合这个三角形，说一说什么叫三角形的高？

生 1：顶点和垂足之间的线段。

生 2：这条垂线。

生 3：这个顶点和垂足之间的线段就叫作三角形的高。

师：那这条边叫什么呢？

生 1：底。

生 2：从 A 点到 BC 之间画一条垂线，这条垂线的长度就是这个三角形的高，BC 就是三角形的底。

师：除了从顶点 A 向对边画高以外，还可以怎么画？

生 1：可以从顶点 B、顶点 C 开始画。

师：你觉得三角形可以画出几条高呢？

生 1：3 条。

师：请同学们完成任务单的第三题。

（学生独立完成）

师：三角形 ABC 的高到底指哪一条？

生 1：点 A 到 BC 的垂线段。

生 2：点 B 到 AC 的垂线段。

生 3：点 C 到 AB 的垂线段。

师：你发现了什么？

生 1：三角形的哪条边是底，从它对面的顶点画它的垂线段，呈现就是这个三角形的高。

师：看来，底确定了，高也就确定了。

（2）画出指定底上的高。

（展示学生的作品）

师：画高时需要注意什么？

生1：画图要用尺，按照作垂直线段的规则来画，画高要用虚线。

三、回顾反思，总结提升

师：回顾一下今天的学习过程，说说对于三角形你们又有哪些新的认识。

生1：三角形都有3个角、3条边和3个顶点。

生2：我们知道什么样的图形是三角形，还有三角形各部分的名称。

生3：三角形的高和底是对应的，三角形有3条边，它们都可以做底，也就有3条高。

生4：我学会了画三角形底上的高。

师：这节课只是我们这个单元的开始，对于三角形你们还想研究什么？

生1：三角形的边与边之间有什么关系？

生2：角与角之间有什么关系呢？

生3：勾股定理。

师：你还听说过勾股定理啊，真厉害！我看到同学们还有很多很多问题，那就让我们带着这些问题继续后面的学习吧！

【设计意图】走向数学本质的概念教学，需要关注文本定义，更需要跳出数学概念的文本，深入思考这一数学概念的本质，从而促进思维水平的提升。对三角形的认识，学生经历了三角形边、角、顶点之间相互关系的辨析过程，感悟到定义图形概念的一般方法，不仅有助于他们更好地理解概念的本质，还有助于他们感受概念表达的思维过程，实现思维能力的真正进阶。

课例2："圆的认识"教学实录

教学内容

苏教版小学数学五年级下册第六单元，教材第85—87页。

内容解析

"圆的认识"是"圆"单元中的内容，属于"图形与几何"领域下"图形的认识与测量"主题下"图形的认识"的部分内容。图形的认识主要是对图形的抽象以及对图形各要素、特征的认识。本课时需要发展的学生的核心素养有空间观念。圆是小学阶段学习的第一个平面曲线图形，是在学生系统地认识了多种平面直线图形并对圆有了直观认识的基础上进行教学的。圆的认识是学生系统学习曲线图形的开始，也为后面学习圆的周长、圆的面积打下基础。

学情分析

在本节课之前学生已经系统学习了长方形、正方形、三角形等多种直线平面图形，在生活中也积累了许多圆的表象。同时五年级的学习对于认识图形的探索已有了一定的经验，具有良好的独立思考、合作交流以及自学的能力，这些都为学习本节课内容提供了知识和方法的支撑。

但"圆"这一几何图形特殊而抽象，小学生的抽象能力还比较弱，并且从研究直线图形到研究曲线图形，不管是思想还是方法上都有变化和提升，对学生而言是一种跨越。因此，本节课我们注重结合学生以往的学习路径和方法，引导学生经历一系列的实践探究，使学生体会几何图形的抽象过程，使学习深度发生，确保让学生真正理解圆、认识圆。

教学目标

（1）认识圆各部分的名称，理解并掌握圆的基本特征，会用圆规画指定大小的圆，了解圆是轴对称图形。

（2）让学生经历折、画、量等探索活动，提升动手实践能力，发展空间想象能力、推理能力，体会极限的数学思想。

（3）体验圆的美和在实际生活中的应用，同时感受数学是一种过程，是一种文化。

教学重难点

教学重点：理解并掌握圆的基本特征。

教学难点：深刻认识同圆或等圆中直径和半径的关系。

课程资源

教师：多媒体课件、教学用圆规、三角尺、大圆片等。

学生：圆规、尺子、圆片、有圆面的物体、绳子等。

教学过程

一、基于生活，从比较中辨析曲直

（出示情境图）

师：从这些图中你们看到了什么图形？

生：圆。

师：请你摸一摸学具盒中的圆以及三角形、正方形、长方形，想一想圆与它们有什么相同或不同，先独立思考再和你的同桌说一说。

生1：这些图形都是由线首尾相接形成的封闭图形。

生2：圆没有角，三角形、正方形等都有尖尖的角。

生3：圆的边是弯弯的曲线，其他图形的边都是直直的线段。

【设计意图】首先让学生从生活素材中抽象出学习对象，不仅可以具体、形象地了解所学知识，还可以让学生认识到学习的重要性和必要性。圆是一种常见的、最简单的曲线图形，学生在低年级时已经对圆有初步的感性认识，因此学生可以在具体素材中快速找到本节课的认识对象——圆。接着通过触摸感知圆与平面直线图形的区别，可以直观地进行曲直辨析，使学生从由生活经验认识圆上升到数学层面来认识圆，感知圆是由曲线围成的平面图形。

二、科学画圆，从操作中感知本质

师：同学们在图片中找到了圆，并通过观察和触摸比较了圆与其他平面图形的异同。那么你们想画一个圆吗？请选择用一个物品画圆。

（学生操作）

师：你们选择了什么工具画圆？在画圆的过程中有什么感受？

生1：我用瓶盖画圆，只能画固定大小的圆。

生2：我用钉子和毛线画圆，有时候拉得不太紧，圆就不够圆了。

【设计意图】用不同的工具画圆，体验圆的生成过程，让学生意识到以这些工具画圆都有一定的局限性。要想方便、规范地画一个任意大小的圆需要更科学的工具——圆规。

师：是啊，在生活中可以找到许多画圆的工具，但是如果想要规范又方便地画一个任意大小的圆，我们需要更科学的工具——圆规。

师：老师将在黑板上用圆规画一个任意大小的圆，请同学们仔细观察。

（教师在黑板上示范画圆）

师：回顾刚才画圆的过程，谁能说说如何用圆规画圆？

生1：两脚岔开、固定针尖、旋转成圆。

师：观察仔细，总结全面。你们能照样子用圆规画一个任意大小的圆吗？

（学生操作）

师：（播放墨子关于圆的论述的视频）早在两千多年前，墨子曾说："圆，一中同长也。"你能结合圆规画圆的步骤说说你对这句话的理解吗？

生1：针尖所在位置即"一中"，旋转成圆时，圆规两脚间岔开的长度不变即"同长"。

【设计意图】数学在人文科学与社会科学中发挥着越来越大的作用，启发学生将数学知识与古典文化紧密融合，有助于形成数学的全景化。将圆规画圆的过程与"一中同长"的特点相结合，使学生初步感受圆的本质特点。同时，圆规针尖的位置、两脚间岔开的距离等描述也为后续学习圆的各部分名称以及探究圆的基本特征埋下伏笔。

三、合作探究，从实践中凝练特征

（一）自学，了解圆的要素

师：同学们已经掌握了用圆规的画圆的方法，请你们回想曾经学习直线平面图形的经验，你们还想从哪些方面研究圆？

生1：圆由哪些部分组成？

生2：圆的边叫什么名字？

生3：圆是轴对称图形吗？

……

师：真是一群对知识充满渴望的孩子啊！请自学教材第86页中间部分，看看能解答你的哪些疑问。

师：通过自学你们有哪些收获？

生1：固定针尖的一点是圆心，通常用字母O表示。

生2：连接圆心和圆上任意一点的线段是半径，通常用字母r表示。

生3：通过圆心并且两端都在圆上的线段是直径，通常用字母d表示。

师：请在自己刚才所画的圆中标出圆心、半径和直径，并用字母表示。

【设计意图】平面图形的研究一般分为4个部分：图形的认识、图形的特征、图形的度量和图形的应用。基于以往的学习经验，学生会主动提出了解圆的各部分名称以及圆的基本特征等，此时我们引导学生自学课本关于圆各部分名称的陈述性知识。为提升学生对这部分知识的把握程度，进一步提出标出圆各部分名称的要求。以上活动丰富和规范了学生对圆的认识，学生自主学习圆各部分名称也为接下来探究圆的基本性质提供了规范、简洁的表达方式。

（二）操作，理解圆的特征

师：在平面图形的学习中，对图形特征的探究是最重要的环节。同一个圆中有多少条半径？有多少条直径？半径与直径有什么关系？

师：请你先猜一猜，再通过小组合作的方法，验证自己的猜想。

学生通过折一折、画一画、比一比、量一量等活动，可以有以下结论。

生1：同一个圆中，半径和直径都有无数条。

生2：所有的半径都相等，所有的直径也相等。

生3：直径长度是半径长度的2倍，半径长度是直径长度的二分之一（$d=2r$，$r=d/2$）。

师：圆是轴对称图形吗？它有多少条对称轴？

生1：通过刚才的折一折、画一画，我们知道圆是轴对称图形，每一条折痕都是对称轴，因此圆有无数条对称轴。

【设计意图】心理学家皮亚杰指出："智慧是从动手开始的，只有亲自经历艰辛的探索实践活动，才能使大脑变得更加聪慧，变得更有创造活动。"让学生经历知识的探究的过程，逐步使知识结构化、系统化，能较好地突破本节课的重难点，同时有助于学生积累观察与想象、比较与分析、抽象与概括等活动经验，发展空间观念和推理能力。

（三）思考，感悟圆的本质

师："圆，一中同长也。"还是墨子的这句话，此时再思考这句话，你们有什么想说的？

生1："一中"就是每个圆只有一个中心点即圆心。

生2："同长"就是同一个圆中所有半径的长度都相等。

【设计意图】在学生掌握圆的各部分名称，通过探究知晓圆的基本特征后，再以墨子关于圆的文化论述作为本环节的结尾，使学生更加深刻地认识圆的本质。

四、回顾拓展，从应用中把握本质

师：回顾今天的学习过程，你们有什么收获？我们是通过哪些活动认识圆的？

生1：我重新认识了圆，知道了圆的各部分名称以及它们的意义。

生2：我还知道了直径和半径之间的关系。

生3：我理解了什么是"一中同长也"。

生4：我们是通过画一画、折一折、量一量等活动来学习的。

师：真是收获满满的一节课，不仅掌握了知识，还巩固了关于图形基本性质的探究方法。数学源于生活也要回到生活。古希腊的数学家毕达哥拉斯说过，一切平面图形中最美的是圆。圆的艺术性是其他几何图形无法比拟的，这节课的最后老师邀请同学们一起欣赏圆。

圆赏析：出示教材第87页"你知道吗"中的图片进行赏析。

圆应用：动画展示圆形轮胎和方形轮胎的动图，引发疑问"轮胎为什么是圆的"。（轮胎是圆的，轮胎上的每一个点到中心点的距离相等，这样车才能平稳，不会忽上忽下）

圆文化：我们的餐桌为什么大多是圆形的？（每个人到中心的距离都一样，方便用餐）

【设计意图】有效的学习离不了回顾与反思。回顾中提出的两个问题帮助学生概括了本节课的知识，同时梳理学习中积累的经验和方法。赏析与思考，除了能让学生感受数学生活化的意义和价值，更能再次深刻认识圆"一中同长"这一本质特点。

课例3："长方形和正方形的认识"教学实录

教学内容

苏教版小学数学三年级上册第三单元，教材第36—38页。

内容解析

"长方形和正方形的认识"是"长方形和正方形"单元中的内容，属于"图形与几何"领域下"图形的认识与测量"主题下"图形的认识"的部分内容。图形的认识主要是对图形的抽象以及对图形各要素、特征的认识。本课时需要发展的学生的核心素养有空间观念。长方形和正方形的认识是学生认识图形的起始课，是学生定性感知图形走向定量认识的开始。学生在直观认识立体图形和简单的平面图形之后，从直观认识走向认识图形的要素，并通过度量或者几何变换对图形的要素加以验证和应用，为后面学习周长打下基础。

学情分析

课前对学生进行了前测，发现学生辨认时倾斜放置的长方形和正方形有一定难度，而对于接近于长方形和正方形的图形辨认正确率极低，这说明学生在辨认长方形和正方形时完全依赖于定性判定的层面，也就是自觉地认为眼见为实，缺乏理性实证的意识。正方形的语言表述情况相对比较好，学生会说四条边一样长、四个角都是直角等特征，显然学生对正方形的特征都有一定的了解，都看得清只是说不清。从前测结果可知，学生对于长方形和正方形的验证需求和意识不足，关联概念知识储备也不足，从而增加了本节课推进特征验证的难度。

教学目标

（1）通过观察、操作、推理等活动，充分感知、自主探索并发现长方形、正方形的基本特征，认识长方形的长、宽以及正方形的边长，体会长方形与正方形的联系和区别。

（2）经历探索长方形和正方形特征的过程，发展空间观念，积累关于图形的学习经验，发展合情推理能力。

（3）在参与数学活动的过程中，培养思维严谨的理性精神。

教学重难点

教学重点：认识并能用语言描述长方形和正方形的特征。

教学难点：经历长方形和正方形特征的探索过程。

课程资源

大小不同的长方形和正方形、钉子板、尺子等。

教学过程

一、情景引入，揭示课题

师：老师给大家带来了两个"老朋友"，瞧，它们是谁？

生：长方形和正方形。

师：长方形和正方形在我们的生活中非常常见，你能用数学的眼光在这张图上找一找哪些物体面的形状是长方形，哪些物体面的形状是正方形吗？

生1：国旗面的形状是长方形。

生2：课桌面的形状是长方形。

生3：黑板面的形状是长方形。

生4：视力表面的形状是长方形。

生5：开关面的形状是长方形。

生6：音响面的形状是正方形。

（规范学生对物体面的表述）

师：同学们都有一双善于观察的眼睛，在这么多物体的面上找到了长方形和正方形。这些图形就是我们今天要研究的图形，这节课我们一起来认识长方形和正方形的特征。（板书课题）

二、观察猜想，操作验证

（一）初步交流图形特点，明确探究角度

师：你们打算从哪些方面来研究长方形和正方形的特点呢？

生1：边。

生2：角。

生3：面积。

生4：周长。

师：同学们想到了这么多不同的角度，今天我们就从最基本的边和角来研究长方形和正方形的特征，在后面的学习中还会继续研究长方形和正方形的周长和面积。（板书：边、角）

【设计意图】基于教材的顺序和学生的需求，让学生经历在实际生活中辨认长方形和正方形，并能进行直观判断。由此启发学生思考：为什么能一眼就找出长方形和正方形？从而让学生明白长方形和正方形是有区别于其他图形的独特之处。这节课是要将学生经验的"片面"补足，让学生能从数学的角度再次认识和刻画图形。

（二）观察、猜想图形的特点

师：同学们，仔细观察这些长方形，你们觉得长方形的边和角有什么特点？（手指着长方形的边和角，略作停顿）

生1：4条边、4个角。

师：这是你的想法，老师把它记录下来。谁还有补充的？

生2：上下两条边长度相等，左右两条边长度相等。

师：老师把你的想法也记录下来。还有吗？

生3：4个角都是直角。

【设计意图】学生的认知都是建立在原有的知识、技能与经验基础上的，唤醒学生已有的认知，对建构新的认知有很好的帮助。课始利用这些经验引导学生回忆旧知、辨认图形，将学生的注意力聚焦到图形的边与角上，为接下来进一步研究长方形和正方形的特征做准备。

师：刚刚大家通过观察得到了长方形有4条边、4个角，明显地能看出来是正确的，但是长方形上下两条边长度相等，左右两条边长度相等，4个角都是直角这些特点仅仅通过观察就能确定一定是正确的吗？

生：不一定。

师：既然不确定，你们的这些发现就只能称为猜想，想知道猜想的对不对要怎么办？

生：需要进行验证。

师：同学们说得太好了，你们的意思是可以验证一下猜想。前后4个同学为一组，交流一下你们打算怎样验证长方形边的特点。

生1：用尺子量。

师：还有不同的想法吗？

生2：对折。

师：这两个同学的想法多棒啊！现在就请同学们用量一量、折一折的方法来验证一下长方形边的特点。（如果用测量的方法来验证，请将测量的数据标在图上）

师：下面请两个同学来给大家汇报一下他们是怎样验证长方形边的特点的。

生1：用尺子量。（学生写数据）

生2：用折一折的方法。（上下折、左右折）

师：刚才两个同学操作验证都得到了长方形上下两条边相等，左右两条边也相等。像上、下两条边这样位置相对的边，称为一组对边。伸出手指跟老师一起来指一指，上边和下边是一组对边。你们还能找出长方形的另一组对边吗？我们再来一起指一指。

师：同学们仔细看，长方形这一组对边相等，这一组对边也相等，那我们就可以概括地说长方形的边有什么特点？

生：对边相等。

师：同学们通过验证得到了长方形边的特点，那我们怎么验证长方形角的特点呢？在小组内先讨论一下。

生：用三角尺比一比。

师：比一比的确是个好方法。请同学们拿出三角尺来验证一下长方形角的特点。

师：现在请两个同学来汇报一下他们是怎么验证长方形角的特点的。

生1：比4次。

生2：验证4个角是直角，先折，再用三角尺比。（比1次）

师：你的方法可真巧妙，通过对折再对折，长方形的4个角就重合在一起了，只比一次就能验证4个角是直角。

师：仔细观察这些大小不同的长方形，你们发现它们有什么共同特征吗？

生1：对边相等、4个角都是直角。

师：是呀，虽然同学们验证的长方形大小不同，但是通过验证，都得到了长方形有 4 条边、对边相等、4 个角是直角的结论，看来我们猜想的长方形边和角的特点是正确的。

师：现在来回顾一下我们是怎样验证长方形边和角的特点的。

师：我们通过观察猜想长方形边和角的特点，接着用量一量、折一折、比一比的方法操作验证猜想，最后得出结论。观察猜想、操作验证、得出结论，是认识平面图形特征的基本方法。你能用同样的方法来独立研究一下正方形边和角的特点吗？

师：请同学们拿出学习单，将你们研究正方形边和角特征的过程记录在学习单上。

师：现在我们请两个同学来汇报一下他们是怎么验证正方形边和角的特点的。

生 1：验证对边相等，用尺子量。（图形不动，移动尺子测量）

生 2：验证 4 个角是直角，先折，再用三角尺比。（比 1 次）

生 3：对折。

生 4：先折再比角。

师：同学们仔细观察这些大小不同的正方形，它们有什么共同特点？

生 5：4 条边都相等，4 个角都是直角。

师：虽然我们研究的正方形大小不同，但是都得到了正方形 4 条边相等、4 个角是直角的结论，看来我们猜想的正方形边和角的特点也是正确的。

师：现在请同学们来比较一下长方形、正方形边和角的特点，它们有什么相同点和不同点。

生 1：相同点是 4 个角都是直角。

师：谁有补充？

生 2：都有 4 条边。（对边相等）

师：不同点呢？

生 3：长方形对边相等，正方形 4 条边都相等。

师：根据边的特点，通常把长方形长边的长叫作长，短边的长叫作宽。你能指指长方形的长和宽在哪里吗？

生 1：学生只指一条长、一条宽。

师追问：还有长和宽吗？

生 2：学生指出两条长、两条宽。

师追问：一个长方形有几条长？几条宽？

生3：两条长、两条宽。

师：在正方形中，每条边的长叫作边长。你能指一指正方形的边长吗？

生4：指出4条边长。

师追问：一个正方形有几条边长。

生4：4条。

【设计意图】一年级学生一般只能直观、感性地认识长方形和正方形，而三年级的学生应该要走向理性认识，也就是要对长方形和正方形的特征进行验证。设计验证长方形的特征的环节，引导学生利用直尺和三角板等常用的学具，通过量、折、比的方法，探索长方形的特征。这样设计，一是引导学生积累认识图形特征的具体方法，为接下来认识正方形的特征以及今后认识其他平面图形的特征提供经验支持；二是渗透认识事物的科学方法，有了猜想，还需要有一个验证的过程，才能确认结论。

三、巩固练习，强化认知

师：在探索长方形、正方形特征的过程中，老师充分地感受到了大家的智慧，那么你们有信心创造出一个长方形吗？

师：请同学们在钉子板上围出一个长方形。

师：你怎么知道围出的图形一定是长方形呢？

师：你能将围成的长方形用最简单的方法改为正方形吗？

生1：宽延长。

生2：长缩短。

师：两个同学做法不同，为什么改动后得到的图形都是正方形？

师：原来改动后4条边都相等、4个角都是直角的图形就是正方形了。

【设计意图】这一环节引导学生基于对特征的理解，运用特征制作一个长方形或正方形。根据提供的材料，在钉子板上围出长方形和正方形。在组织交流时，一是要引导学生紧密联系长方形和正方形的特征来介绍做法，从而使学生进一步加深对特征的认识；二是要有层次地进行反馈，用钉子板围出图形后，还要解决长方形与正方形图形的变换问题。

四、全课总结，感悟方法

师：通过这节课的学习你们有哪些新的收获？

生1：我们认识了长方形和正方形的特点。

生2：我们学会了量一量、折一折、比一比的方法。

生3：研究图形不仅要看边的特点，还要看角的特点。

师：大家今天的收获可真不小。是啊，探究图形特征的过程很重要，但是探究图形特征的方法更重要，希望大家用可以用今天学习的方法继续认识其他的平面图形。

【设计意图】本环节重点引导学生从3个方面对学习过程进行回顾与总结：一是知识方面，主要是指长方形和正方形的特征，图形各部分的名称；二是关注探究的方法，进一步帮助学生积累认识图形的经验；三是关注学生学习过程中的情感体验，印象深刻的地方可以是学生非常得意的地方，也可以是学生出错误的地方。

5.2 图形的度量

5.2.1 整体解读

数学是研究数量关系和空间形式的科学。"数与代数"和"图形与几何"是义务教育阶段数学课程内容的两个重要分支。张奠宙教授认为，度量的本质是给度量对象一个合适的数。其实，图形的度量可以类比"数与代数"中的计数过程。数是数出来的，所谓的数其实就是在数计数单位而已，无论是整数、小数，还是分数，我们都是在计量它们的计数单位，对于整数、分数和小数而言，其本质就是不同计数单位的累加。事实上，我们在进行图形的度量时，无论是度量长度、面积、角度和体积等，都是先确定度量的单位（相当于找到几何体中的"1"），然后看度量对象中包含多少个这样的单位（以"1"为起点，给相应的度量对象赋予一个合适的数），即"度"和"量"。因此，图形度量的本质和数一样，都遵循这样的"一致性"。

2022年版课程标准指出，感悟统一单位的重要性，能恰当地选择长度单位米、厘米描述生活中常见物体的长度，能进行单位之间的换算。我们系统地设计了3个课例，详细阐述了如何在教学中让学生感受到度量的本质。课例1、课例2是学生的认知从一维长度到二维面积，从二维面积再到三维体积，通过丰富的活动帮助学生建立面积单位和体积单位的正确表象，感受统一度量单位的重要性，感悟度量的本质。课例 3 把角的计量与其他量的计量进行联系，学生对计量的感受越来越清晰，无论哪种量的计量，在方法上是一致的，随着标准越来越精细，计量的结果就会越来越精准，从而在较高层次上实现认知的整体建构。

5.2.2 课标解读

2022 年版课程标准指出，在义务教育阶段，数学眼光主要表现为抽象能力（包括数感、量感、符号意识）、几何直观、空间观念与创新意识。"量感"是小学阶段的重要教学内容，它主要是指对事物的可测量属性及大小关系的直观感知。"量感"的建立有助于学生养成用定量的方法来认识和解决问题的习惯，是形成抽象能力和应用意识的经验基础。"量感"不是天生的，也不是教师通过一节课的教学就能产生的，需要在学习与实践中不断地感受和积累经验。简单来说，就是在教师的引导下，学生学习了有关"量感"的课程后，能够掌握正确的估测方法。当学生形成了对量的准确认知，能够准确地进行估测时，"量感"也就自然形成了。这部分内容贯穿小学阶段的三个学段，是比较重要的内容。第一学段学业上要求：感悟统一单位的重要性，能恰当地选择长度单位米、厘米描述生活中常见物体的长度，能进行单位之间的换算；能估测一些身边常见物体的长度，并能借助工具测量生活中物体的长度；初步形成量感。第二学段学业上要求：会用量角器测量角的大小，能用直尺和量角器画出指定度数的角；能通过具体事例描述面积单位平方厘米、平方分米、平方米，能进行面积单位之间的换算；在解决图形周长、面积的实际问题过程中，逐步积累操作的经验，形成量感和初步的几何直观。第三学段学业上要求：能说出面积单位平方千米、公顷，体积单位立方米、立方分米、立方厘米，以及容积单位升、毫升，能进行单位换算，能选择合适单位描述实际问题。

5.2.3 课例研究

课例 1："面积单位"教学实录

教学内容

苏教版小学数学三年级下册第六单元，教材第 61—63 页。

内容解析

本节课是"图形与几何"领域的重要学习内容。"长方形和正方形的面积"属于小学数学"图形与几何"领域中"图形的测量"方面的知识，包括面积的含义、面积单位及其换算、长方形和正方形面积的计算。小学阶段"图形的测量"部分主要包括长度、面积、体积和角的度量等基本的几何学内容，尽管这些度量的对象和单位有所不同，但其反映的度量本质是一样的，就是先确定度量单位，然后量出度量对象中包含多少个度量单位，即"度"和"量"，其中确定度量单位是关键。在解决图形周长、面积的实际问题过程中，逐步积累操作的经验，形成量感和初步的几何直观。

学情分析

本课是在学生已经学习过测量长度的知识并初步认识面积的基础上进行教学的，学好这部分知识有助于学生进一步解决长方形和正方形面积的计算问题，并进行其他平面图形的测量和计算。同时，为后续学习几何体体积和测量不规则几何体体积等知识打下良好的基础，因此本节课起着承上启下的重要作用。

从素养体系来看，本课学习价值在于使学生感受面积单位大小的表象，会针对真实情境选择合适的度量单位进行度量，解决生活中的实际问题，在这一过程中形成量感，发展学生的抽象能力。本节课正是立足真实学习，构建度量体系，落实核心素养的有效知识载体。

教学目标

（1）认识面积单位平方厘米、平方分米、平方米，在活动中建立1平方厘米、1平方分米、1平方米的表象，并能灵活选择面积单位进行简单的测量。

（2）学生经历观察、操作、想象和类比等活动，培养空间观念，发展数学思维。

（3）在探究面积单位的过程中进一步积累度量的基本活动经验，感受数学结论的确定性，体验数学与生活的联系。

教学重难点

教学重点：理解面积单位的含义，建立面积单位的表象。

教学难点：建立面积单位的表象，灵活选择面积单位进行测量。

教学过程

一、形成冲突，引入面积单位

师：同学们，还记得我们是怎样比较这两个长方形面积大小的吗？

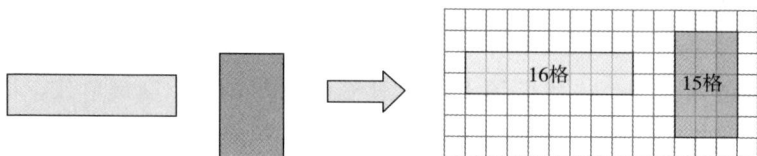

生：数格子。

师：当很难直接观察或者是用重叠的方法比较两个图形的面积大小时，我们可以用画格子的方法。这里还有一个由 24 个小正方形拼成的长方形，你觉得谁的面积更大？

生 1：我觉得 24 格的面积更大。

（出示课件）

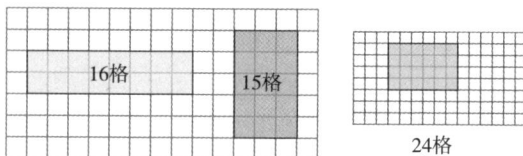

生 2：24 格的长方形面积更小一些。

师：有的同学说它的面积要更大一些，为什么现在又说它的面积更小呢？

生 3：因为它们的格子大小不同。

师：看来，要想更加准确地比较，我们需要统一度量单位。其实统一度量单位我们并不陌生，之前在测量长度时就学习过。还记得我们是怎么去比较这两条线段的长度的吗？

（出示课件）

生：用尺子量。

师：这是 1 厘米，人们在测量物体长度时所制定的标准。用 1 厘米这个长度单位来测量这两条线段的长度。它们分别有多长？

（出示课件）

1厘米

生1：第一条线段有 3 个 1 厘米，就是 3 厘米，第二条线段有 5 个 1 厘米，就是 5 厘米。

师：我们用 1 厘米这把"长度尺"去测量这两条线段的长度，线段里有几个这样的 1 厘米，它的长度就是几厘米。

师：测量长度时用统一的长度单位，现在要测量面积呢？

生1：用统一的面积单位。

师：今天这节课我们就来研究面积单位。（板书：面积单位）

【设计意图】合理的教学设计应当始于学生已有的知识经验，而本节课学生的知识起点显然是之前学习了长度单位以及初步认识了面积。课始，学生用数格子的方法，通过数字的大小猜测谁的面积更大，当学生发现格子的大小不一样后，产生了想准确地比较图形的面积大小要统一度量单位的需求。初步为学生搭建了完整的图形度量单位的知识体系，有效促进认知结构的重组与完善。

二、操作探究，建立表象

（一）认识 1 平方厘米

师：数学上是这样规定的，边长 1 厘米的正方形，面积是 1 平方厘米。还可以这样来表示：cm^2。我们的学具盒里也有 1 平方厘米，快把它找出来吧！

师：你们怎么确定它的面积就是 1 平方厘米呢？

生1：用尺子量，它的边长是 1 厘米，面积就是 1 平方厘米。

师：数学学习就需要这样严谨的态度。请你们看一看，摸一摸，把它的大小记在脑海里。你们能试着在这张纸上把脑海里的 1 平方厘米的正方形剪出来吗？剪出来后用标准的 1 平方厘米去比一比。

（学生活动）

师：看来大家对于 1 平方厘米已经有感觉了，带着这样的感觉找一找我们的身边有哪些物体的面大约是 1 平方厘米？

（学生活动）

生1：大拇指指甲盖的面积大约是 1 平方厘米；

师：找到了我们身体的"面积尺"。

生2：信封上面的小格子的面积大约是1平方厘米。

生3：我这支马克笔盖子的面积大约是1平方厘米。

生4：方格本上每个小方格的面积大约是1平方厘米。

师：你们真的都有火眼金睛！用数学的眼光找到了生活中这么多物体的面，大约都是1平方厘米。有了1平方厘米，我们就拥有了一把"面积尺"，它就可以帮助我们测量图形的面积。瞧，它的面积是多少？

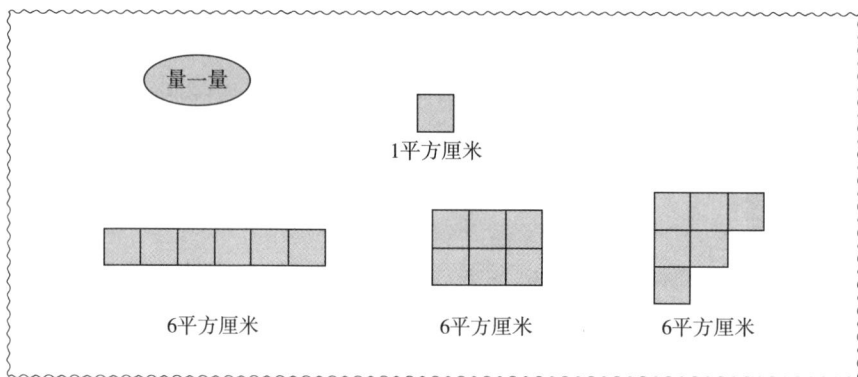

生1：这个长方形的面积是6平方厘米，有6个1平方厘米的小正方形，面积就是6平方厘米。

（变化图形）

生2：还是6平方厘米。

师：这些图形的形状并不相同，它们的面积为什么都是6平方厘米呢？

生3：因为它们都有6个1平方厘米的小正方形。

师：你们都看到了问题的本质！我们用1平方厘米这把"面积尺"去度量面积的大小，图形里面有几个这样的1平方厘米，它的面积就是几平方厘米。回到之前的问题，这里一个小方格的面积是1平方厘米，你们能说一说它们的面积分别是多少吗？

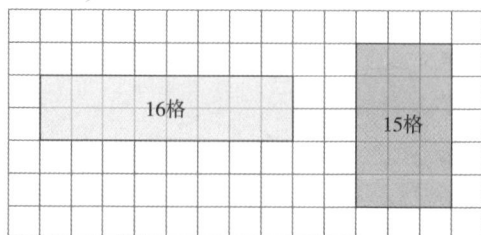

生1：第一个长方形由 16 个 1 平方厘米的小正方形组成，面积是 16 平方厘米。第二个长方形由 15 个 1 平方厘米的小正方形组成，面积是 15 平方厘米。

师：你能估一估这个长方形的面积大约是多少吗？再用 1 平方厘米的小正方形去量一量。

（出示课件）

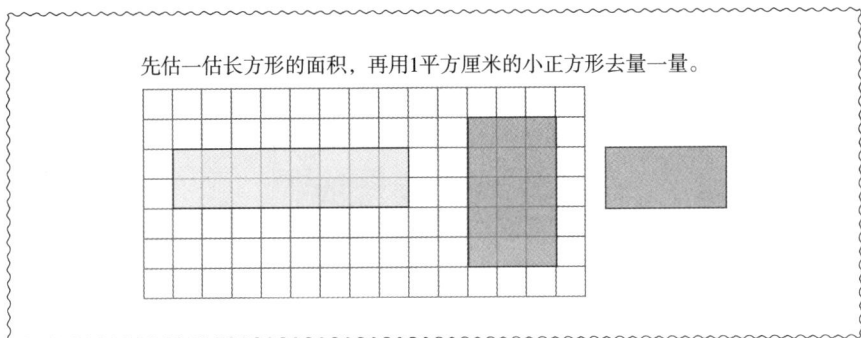

先估一估长方形的面积，再用1平方厘米的小正方形去量一量。

生：8 平方厘米。

师：看来只要有了统一的度量标准，就可以帮助我们快速地度量出图形的面积。我们和 1 平方厘米交上了朋友，现在回顾一下，我们先确定了 1 平方厘米的标准，也就是边长是 1 厘米的正方形，面积是 1 平方厘米（板贴：立标准）。接着看一看、摸一摸记住了 1 平方厘米的大小（板贴：记）。动手画出了一个 1 平方厘米的正方形（板贴：做），还在我们的身边找到了很多面积大约是 1 平方厘米的物体（板书：找）。这些活动都帮助我们加深了对 1 平方厘米这个度量标准的理解，可以帮助我们更好地测量图形的面积（板书：箭头，去测量）。

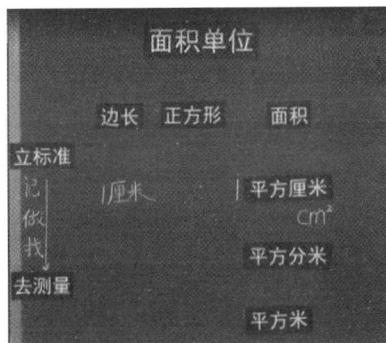

【设计意图】把认识 3 个面积单位的重点放在了平方厘米，给学生提供了充足的时间进行探究，引导学生通过找、看、摸、做、找等活动，使学生积累了丰富的活动体验。在主动建构的过程中学生建立了 1 平方厘米的大小表象，也为后面进一步自主研究"1 平方分米"和"1 平方米"奠定了方法基础。

（二）迁移学习，认识平方分米

师：找到了 1 平方厘米的学习方法，能不能试着自己去研究 1 平方分米呢？

（出示学习单）带着这几个问题一起去研究 1 平方分米。

"1平方分米"学习单

说一说	数学上是怎么规定"1平方分米"的？
做一做	请你自己动手设计出一个1平方分米的正方形。
找一找	生活中哪些物体的面大约是1平方分米？

（学生自主活动，小组交流）

生 1：我们组认为边长 1 分米的正方形，它的面积是 1 平方分米。

师：数学上就是这样规定的，边长 1 分米的正方形，面积是 1 平方分米，我们还可以这样来表示：dm^2。

生 2：我们组动手做出边长 1 分米的正方形，面积是 1 平方分米。

生 3：我们组是剪出来的。剪出的正方形的边长是 1 分米，面积是 1 平方分米。

生 4：我们找到了生活中的 1 平方分米，教室开关盒的面大约是 1 平方分米。

师：老师这里有个标准的 1 平方分米，你们可以比一比。

生 4：这个开关盒的面比 1 平方分米小一些，所以我们说它大约是 1 平方分米。

生 5：我是画出来的，画出边长 1 分米的正方形，面积是 1 平方分米。

师：同学们通过做、画、找等活动展示了你们对 1 平方分米的研究。我不得不说你们真的是太厉害了！你们又找到了身体的另一把"面积尺"。

生 6：我还发现这个信封的一半大约是 1 平方分米。（学生边说边用标准的 1 平方分米的正方形比一比）

师：那这个信封这个面对面积大约是多少？

生 6：2 平方分米。

师：我们和 1 平方分米也交上了朋友。接下来，我们该认识谁了？

生：1 平方米。

【设计意图】 有了学习 1 平方厘米的经验，对 1 平方分米的学习可以顺势迁移，让学生自主探究。考虑到三年级学生的能力水平，教师提供了 3 个问题引导学生开展小组研究和学习。同时，教师为学生提供了丰富的活动素材，设计了多样的探索活动，使学生在动手实践的过程中调动多重感官，从不同的维度正确认识、建立面积单位的实际大小。

（三）认识 1 平方米

师：说一说，数学上是怎么规定 1 平方米的。

生 1：边长是 1 米的正方形，它的面积就是 1 平方米。

师：数学上就是这么规定的，边长是 1 米的正方形，面积是 1 平方米。我们还可以这样来表示：m^2，读作：平方米。

师：现在如果让你们试着动手创造出一个 1 平方米，你们会怎么做？

（小组讨论）

生 2：我们用 1 米长的棍子围出 1 平方米。

（学生现场操作）

师：大胆地估计一下，1 平方米可以站咱们班多少个同学？

生 1：4 个。

生 2：6 个。

（学生活动）

师：见证奇迹的时候到了，你们瞧，这就是他们搭建的 1 平方米，可以站 15 个同学。

师：刚才我们借助 3 个不同标准的正方形认识了 3 个常用的面积单位，它们是帮助我们准确度量图形面积大小的 3 把“面积尺”。请同学们闭上眼睛，再次感受 1 平方厘米、1 平方分米、1 平方米的大小。（将 3 个正方形放在一起）

师：看来，我们在度量比较小的物体的面积时可以用平方厘米作单位，度量稍大一些物体的面积可以用平方分米作单位，度量比较大物体的面积可以用平方米作单位。

【设计意图】教师为学生提供了丰富的活动素材，设计了多样的探索活动，使学生在动手实践的过程中调动学生多重感官，从不同的维度正确认识、建立面积单位的实际大小。基于认识1平方厘米的学习过程，总结出认识面积单位的基本方法。通过类比迁移，把平方分米、平方米这些陈述性知识转化成具有探究性的学习过程，学生不仅掌握了知识，还收获了方法，获得了学习能力。

三、巩固练习、深化认识

师：尺有所短，寸有所长，合适才是最好的。你们会选择合适的单位来填写吗？

（出示课件）

想一想

压岁钱红包的面积约为2（　　　　）。　　一片口香糖的面积约11（　　　　）。

乒乓球桌桌面的面积大约4（　　　　）。　　一节动车车厢长约25（　　　　）。

师：在选择合适的单位时，有什么好的经验想分享给大家吗？

生1：我们要看是问这个物体的长度，还是面积，如果是长度就从长度单位里选，如果是面积就从面积单位里选。

生2：在测量比较小的物体的面积时，可以用比较小的面积单位，在测量比较大的物体的面积时，可以用比较大的面积单位。

师：是的，度量对象不同，选择的单位不同。度量对象大小不同，应选择大小合适的单位。

【设计意图】在具体情境中选择合适的面积单位和长度单位，是学生空间思维能力的体现。学生在选择合适的面积单位时很容易发生错误，因为这不是 3 个面积单位的简单选择，而是需要经历提取表象、假设单位、参照比对等思考过程。加入长度单位的选择，能够让学生联系已有的学习和生活经验，进一步培养了学生关于一维长度和二维面积的量感。

四、总结梳理、延伸拓展

师：同学们，通过今天这节课的学习，你们都有哪些收获？

生 1：我认识了平方厘米、平方分米和平方米。

生 2：测量较小的物体的面积时，可以用比较小的面积单位，测量较大的物体的面积时，可以用较大的面积单位。

师：看来在大家的心中已经长出了"度量"的小树苗。我们在度量这条线段的长度时，可以用这样的小线段作为我们的长度尺。当线变成一个面，我们在度量这个面的大小时，可以用这样的小正方形作为我们的面积尺。面就在体上，我们现在要想度量这个体的大小，又该用一把什么样的尺子呢？带着这节课的收获和思考，一起去生活中找一找吧！（出示课件）

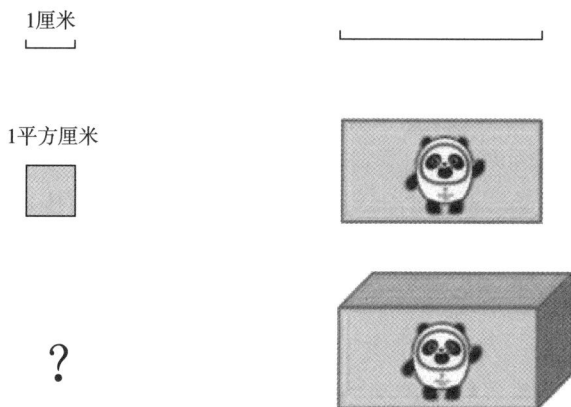

【设计意图】对于本节课知识点的梳理，不仅应关注知识点本身，更应关注隐含于知识点背后的过程与方法。通过课件演示，学生在空间形式上经历了从一维空间向二维空间的转化。在猜测、联想、推理和想象等深层次的思维活动中，提升了学生的学习方法和学习能力。

课例 2："体积单位"教学实录

教学内容

北师大版小学数学五年级下册第四单元，教材第 38、39 页。

内容解析

本节课是"图形与几何"领域的重要学习内容，属于小学数学"图形与几何"领域中"图形的测量"方面的知识，是在学生学习体积概念的基础上进行教学的。教材在编排上重视借助学生已有的知识经验，从长度单位和面积单位入手，通过回顾相关度量内容的学习，让学生在认一认的过程中，初步体会体积单位的含义。在此基础上，通过"做"体积单位和"说"体积单位，提升学生对体积单位的认识。在立体图形的认识和测量过程中，进一步形成量感、空间观念和几何直观，是后续学习计算长方体、圆柱、圆锥等体积的基础，也是学生形成体积概念的延续。

学情分析

五年级学生已经积累了测量长度、面积的活动经验，具备一定的度量意识。课前通过调查发现，对于体积单位，大部分学生认为 1 立方厘米可能是棱长 1 厘米的小正方体的体积，但对 1 立方厘米、1 立方分米、1 立方米的表象，学生没有足够的生活经验。

教学目标

（1）体会统一体积单位的重要性，使学生认识常用的体积单位立方厘米、立方分米、立方米，初步建立立方厘米、立方分米、立方米的表象，体会长度单位、面积单位、体积单位的区别和联系。

（2）使学生经历观察、操作、想象和类比等活动，建立体积单位的知识结构，培养逻辑类推等能力，发展空间观念。

（3）使学生在参与数学活动的过程中积累数学活动经验，感悟数学思想方法，提高数学学习能力。

教学重难点

教学重点：初步建立 1 立方厘米、1 立方分米、1 立方米的体积观念。

教学难点：建立 1 立方厘米、1 立方分米、1 立方米的正确表象，能正确运用体积单位估算常见物体的体积。

课程资源

课件、正方体模型、橡皮泥、小棒、连接器。

教学过程

一、在创设情境中导入

师：同学们，还记得常用的长度单位有哪些吗？

生 1：厘米、分米、米。

师：线围成了面，测量图形的面积时，常用的面积单位有哪些？

生 2：平方厘米、平方分米、平方米。

师：今天我要度量的不是面，而是体的大小。（课件演示"线动成面，面动成体"的过程）

（出示长方体和正方体）

师：这个长方体和这个正方体谁的体积大？

生 1：长方体大。

生 2：正方体大。

生 3：一样大。

师：看来这两个物体的体积相差不大，很难直接观察出来。有没有好的办法可以比较出它们的体积？

生 4：可以计算出每个面的面积，再相加，就能比较出哪个大了。

师：（出示一张报纸和一个文具盒）报纸的表面积很大，文具盒的表面积小，你们瞧，我把报纸折叠起来又可以放到文具盒里。你们有什么想说的？

生 5：表面积大的不一定体积就大。

师：还有别的方法吗？

生 6：可以把这两个物体都放到水里，比较哪个物体溢出的水多。

生 7：怎么比较溢出的水呢？

生 8：找两个同样大小的杯子，看水面的高度就行了。

师：如果这两个物体都可以放到水里，我们可以借助同样大小的杯子，也就是借助统一的度量单位来比较。如果这两个物体是纸盒不能放入水中呢？

师：看来同学们还有一点困惑，不要紧。我们退一步想想，还记得三年级比较面积大小时用过的方法吗？

生1：可以把长方体和正方体分成小正方体。

师：英雄所见略同，老师的这两个物体都是由小正方体组成的。谁来数一数它们是由多少个小正方体组成的？

师：现在有结论了吗？到底谁的体积大？为什么？

生1：长方体的体积大，它是由9个小正方体组成的，正方体只有8个小正方体。

师：是的，因为长方体所包含的小正方体的个数多。咱们在用小正方体摆的过程中，有没有什么需要提醒大家注意的？

生2：必须要用一样的小正方体。

师：是啊，度量体积的小正方体必须是一样大的，实际上也就是要求体积单位要统一。（板书课题）

师：你们能大胆地猜一猜常用的体积单位有哪些吗？

生3：我觉得可能是立方厘米、立方分米、立方米。

师：你是怎么想到的？

生3：面积单位都是平方，我觉得体积单位可能是立方。

【设计意图】合理的教学设计应当始于学生的已有知识经验，而本节课学生的知识起点显然是之前度量单位的学习。课始借助课件动态演示"线动成面，面动成体"的过程，一方面帮助学生梳理出常用的长度、面积单位，另一方面使学生初步感受到线、面、体之间的关系。从体积度量实际需求出发，引导学生主动观察和思考，亲身经历体积单位的产生过程，初步为学生搭建了完整的图形度量单位的知识体系，有效促进认知结构的重组与完善。

二、在体验活动中探究

（一）认识立方厘米

师：刚才我们由长度想到了面积，由平面图形的"平方"联想到立体图形的"立方"。真好，看来联想和迁移的确是一种很好的学习数学的方法。根据学习1平方厘米的经验，你们推测1立方厘米有多大？

生1：棱长是1厘米的小正方体的体积。

师：数学中确实是这样规定的，棱长是1厘米的小正方体的体积就是1

立方厘米。在学具盒里也有 1 立方厘米，快把它找出来吧！

师：老师给大家准备了大小不同的小正方体，你们怎么确定它的体积就是 1 立方厘米？

生 1：我用直尺量了。

师：数学就是需要这样严谨的态度，每人拿一个，先看一看，再摸一摸，把它的大小记在脑海里。

师：记住了吗？我们用橡皮泥试着做一个 1 立方厘米的正方体。

（学生活动）

师：你们能找一找生活中哪些物体的体积是 1 立方厘米吗？

生 1：键盘一个键的体积大约是 1 立方厘米。

生 2：指甲盖的体积大约是 1 立方厘米。

师：指甲盖？

生 1：指甲盖的面积大约是 1 平方厘米。

生 2：哦，指尖的体积大约是 1 立方厘米。

生 3：玻璃弹珠的体积大约是 1 立方厘米。

师：老师的魔沃袋里也有一些物体的体积大约是 1 立方厘米，哪个同学试着摸一摸，把它们的体积和 1 立方厘米相比。

生 1：乒乓球的体积比 1 立方厘米大。

生 2：黄豆的体积比 1 立方厘米小。

生 3：弹珠的体积大约是 1 立方厘米。

【设计意图】把认识体积单位的重点放在认识立方厘米上，给学生提供了充足的时间进行探究，通过找、看、摸、做、说等活动使学生积累了丰富的活动体验，在主动建构的过程中建立起 1 立方厘米的大小表象。

（二）认识立方分米

师：同学们真是火眼金睛，用数学的眼光找到了生活中的 1 立方厘米，咱们就可以参照生活中的实物大小来记住 1 立方厘米的大小。回过头来想一想，我们是怎样认识 1 立方厘米的？

生 1：我们做了 1 立方厘米的正方体。

生 2：我们还找了生活中的 1 立方厘米。

生 3：我们量了小正方体的棱长是 1 厘米。

师：刚才我们先确定了棱长为 1 厘米的小正方体的体积是 1 立方厘米，

再通过观察、制作、举例进一步认识了 1 立方厘米，接下来我们要认识什么体积单位呢？

生：立方分米。

师：1 立方分米有多大呢？有了刚才的经验，接下来我们该通过哪些活动认识 1 立方分米？请同学们在小组内自主探究吧！

师：哪个小组向大家介绍一下，你们通过哪些步骤认识了 1 立方分米？

生 1：我们小组先量了这个正方体的棱长是 10 厘米，也就是 1 分米，所以我们确定这个正方体的体积是 1 立方分米。然后我们用了 8 个棱长是 5 厘米的小正方体搭成了 1 立方分米的正方体。我们还找到了这个桶装的方便面的体积大约是 1 立方分米。

生 2：我们小组用小棒搭成了 1 立方分米的正方体。

师：你们选择的是多长的小棒？

生 2：我们选择的是 10 厘米长的小棒。

师：是的，如果忽略连接器的长度，这个正方体的体积是 1 立方分米。

生 3：我们小组用边长是 1 分米的正方形搭成了 1 立方分米。

师：同学们，你们估计得都很准确，说明你们已经把 1 立方分米的大小牢牢记在脑海里了，真了不起！

（三）认识立方米

师：如果要度量这间教室的大小，用立方厘米和立方分米合适吗？

生：不行，它们都太小了。

师：是的，它们都太小了，我们还有更大的体积单位立方米。老师想把接下来的课堂交给大家，哪个小组愿意带领大家认识 1 立方米？

生 1：我们小组认为，棱长是 1 米的正方体的体积是 1 立方米。

师：老师这里有 1 米长的管子，合作马上就要开始了！

师：请其他同学想象一下，1 立方米究竟有多大？用手比画一下。

（学生活动）

师：大胆地估计一下，1 立方米的空间可以容纳咱们班多少个同学？

生 1：4 个。

生 2：6 个。

师：见证奇迹的时刻到了，你瞧，这就是他们搭建的 1 立方米。有什么感受？

生 3：哇，太大了。

师：我们看看究竟能容纳几个同学。

（学生活动）

师：刚才我们借助 3 个标准的正方体认识了 3 个常用的体积单位，请同学们闭上眼睛，再次感受 1 立方厘米、1 立方分米、1 立方米的大小。（将 3 个正方体放在一起）

【设计意图】体积单位是从基本的一维到二维再到三维的度量概念，与长度、面积单位相比更具有抽象性，学生很难把握空间的大小。教师为学生提供了丰富的活动素材，设计了多样的探究活动，使学生在动手实践的过程中调动多种感官，从不同的维度正确认识、建立体积单位的实际大小。更重要的是引导学生回顾认识立方厘米的过程，总结出认识体积单位的基本方法和过程。通过类比迁移，把立方分米、立方米这些陈述性知识转化成具有探究性的学习过程，学生不仅掌握了知识，还收获了方法，获得了学习能力。

三、在应用交流中巩固

师：如果度量这块橡皮的体积，你们准备用什么单位？

生：立方厘米。

师：估计一下这块橡皮的体积有多大？

生 1：6 立方厘米。

师：到底估计得对不对呢？口说无凭，咱们还得动手做一做。拿出学具袋里的橡皮和 1 立方厘米动手摆一摆。

（学生活动）

师：你们能说出这几个物体的体积是多大吗？

（出示课件）

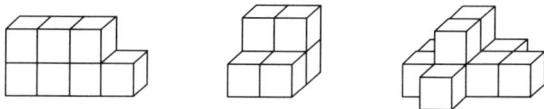

下面的物体都是用1立方厘米的正方体组成的，它们的体积各是多少立方厘米？

师：看来物体里有多少个 1 立方厘米，它的体积就是多少立方厘米。（移动最后一个物体的小正方体，让学生说出体积是否发生变化）

师：尺有所短，寸有所长，合适才是最好的。你们会选择合适的单位来填写吗？

（出示课件）

在括号里填上合适的单位。

儿童牙膏盒的体积大约
是50（　　　　）

集装箱的体积大约
是40（　　　　）

教室的占地面积大约
是40（　　　　）

跳绳的长度大约
是230（　　　　）

（学生回答）

师：在选择合适的单位时，有什么好的经验向大家介绍吗？

生1：我们要看是问这个物体的长度、面积，还是体积，如果是长度就从长度单位里选，如果是面积就从面积单位里选，如果是体积就从体积单位里选。

生2：如果这个物体比较小，就选小单位。如果这个物体比较大，就选更大的单位。

师：是的，度量对象不同，选择的单位不同。度量对象的大小不同，应选择大小合适的单位。

师：你们能用喜欢的方式向别人介绍长度单位、面积单位和体积单位之间的联系和不同吗？

生1：（拿出1个立方分米的正方体）这个正方体的体积是1立方分米，它的棱长是1分米，它每个面的面积都是1平方分米。

生2：如果计量体积就要用体积单位，如果计量面积就要用面积单位，如果计量长度就要用长度单位。

生3：一条线段的长度用长度单位，一个正方形的面积用面积单位，一个正方体的体积用体积单位。

师：无论是面积单位和体积单位都是由长度单位来定义的。计量面积时要用单位长度的正方形作单位，计量体积时要用单位长度的正方体作单位。

【设计意图】通过不同层次的练习使学生进一步完善对度量单位的认知。第一题分为两个层次，第一个层次使学生体会度量单位的有限可加性，要研究一个物体的体积有多大，就是要看这个物体里包含多少个体积单位。第二个层次指向度量单位的运动不变性，只改变物体的形状不会改变物体的体积大小。第二题中有学生以前学过的长度单位、面积单位，还有今天学习的体积单位，学生在尝试和纠错的过程中获得填写合适单位的经验，感受到不同度量单位的区别。第三题学生通过交流讨论进一步理解了长度单位、面积单位、体积单位之间的内涵，打通了知识之间的联系和桥梁。

四、在总结梳理中延伸

师：同学们，通过这节课的学习，我们学习了哪些知识？

生1：我认识了立方厘米、立方分米和立方米。

生2：我知道棱长是1厘米的正方体的体积是1立方厘米，棱长是1分米的正方体的体积是1立方分米，棱长是1米的正方体的体积是1立方米。

师：我们是通过哪些活动认识这些体积单位的？

生3：先找定义，然后观察、制作，还找了生活中的物体。

师：关于体积单位你们还想了解什么？

【设计意图】对于本节课知识点的梳理，不仅应当关注知识点本身，更应当关注隐含于知识点背后的过程与方法。通过一连串的追问，引导学生回顾本节课深层次的思维活动，如猜测、联想、推理和想象等，有利于提升学生的学习能力。

课例3："角的度量"教学实录

教学内容

苏教版小学数学四年级上册第八单元，教材第79、80页。

内容解析

"角的度量"是"图形与几何"领域的重要学习内容，从知识体系上看，属于小学数学"图形与几何"领域中"图形与测量"方面的知识，是在学生已经初步认识角，初步认识直角、锐角和钝角，会用三角尺判断直角、锐角和钝角的基础上，更加注重学生学习理解数学概念本质层面的相关知识。在明晰了直线、射线和线段的本质特征后，体验如何"量"角与"画"角，体验知识的生长过程，继续加强对"角"的认识，关注知识技能的形成，积累基本活动经验。本节课发展学生的空间观念和初步的几何直观，为后续学习角的分类及垂直概念做准备。

学情分析

"角的度量"在学生已经初步认识平面图形和直角、锐角、钝角的基础上进行学习的，一部分学生已经对量角器有所了解，但对于大部分学生来说，几乎没有用量角器来测量角的体验。具体角的大小的概念还没有形成，显得比较抽象。小学四年级的学生抽象思维虽然有一定的发展，但仍然以具体形象思维为主，分析、综合、归纳概括能力有待进一步培养。

教学目标

（1）在解决问题的过程中唤醒统一角的计量单位的意识，认识角的计量单位，能准确地在量角器上量出角的度数。

（2）在观察、质疑、类比、交流过程中经历"优化量角工具"，逐渐完善对量角器的认知。在操作量角器的过程中，掌握正确使用量角器的方法。

（3）通过类比关联，构建度量体系，同时感受数学的魅力。

教学重难点

教学重点：掌握正确使用量角器量角的方法，初步认识角的度量单位，能准确读出角的度数。

教学难点：理解量角器的使用原理，感悟度量本质的一致性。

教学过程

一、在具体操作中，产生"度"的需求

（一）解决问题，唤醒经验

师：今天我们一起来学习什么知识？

生：角的度量。

师：看到课题，你们有什么想问的？

生1：度量是什么？

师：其实度量大家并不陌生，我们一起来看一看。

（出示课件）

$$1\ cm$$

师：这条线段有多长呢？（用手比画）

生2：3 cm。

师：怎么想的？

生3：它有3个1 cm，是3 cm。

师：看来，有几个1 cm就是几厘米。

（出示课件）

$1\ cm^2$

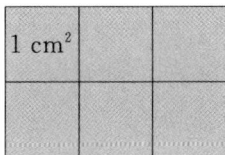

师：这个长方形的面积有多大呢？

生4：6 cm²。

师：怎么想的？

生5：它有6个1 cm²，是6 cm²。

师：看来，无论是测量长度，还是测量面积，我们都要先规定像1 cm、1 cm²这样的标准计量单位，再去数计量单位的个数，这就是长度和面积的度量。这里的3 cm、6 cm²就是度量的结果。角的度量也需要计量单位。

（二）具体操作，产生需求

师：瞧，这有一个角，如果把三角尺上的一个角做计量单位，你能量出这个角有多大吗？

生：可以。

师：动手试一试吧！

生1：我是以三角尺上的这个角为计量单位，∠1跟这个角一样大。

生2：我是以三角尺上的这个角为计量单位，∠1有两个这个角那么大。

生3：我是以三角尺上的这个角为计量单位，∠1比这个角大一点。

师：（指着孩子不一样作品）同样一个角，为什么量的结果不同呢？

生4：他们用三角尺上不同的角去做计量单位，就会得到不同的结果。

师：那怎么办呢？

生5：要用同样大小的角做计量单位。

师：是的，为了准确测量角的大小，我们需要统一的计量单位。

【设计意图】这一环节引导学生在具体操作中探寻度量的一般策略，总结度量单位的永恒不变性、可叠加性和有限可加减性，把握度量的数学本质：被度量的对象里包含多少个度量单位。这样的教学导入就为接下来角的度量提供了更为一般的上位概念，为新知识顺利纳入已有的认知结构提供了一个强有力的支点。

二、在创造"度"中，经历"器"的产生

（一）整体感知，提出问题

师：你们知道角的度量单位是什么吗？

生：度。

师：看来有的同学已经知道了，有的同学还不知道。没关系，接下来我们就借助这个工具（拿出量角器）来认识它。

师：认识吗？

生：量角器。

师：量角器是量角的工具，仔细观察量角器，你们有什么想说的？

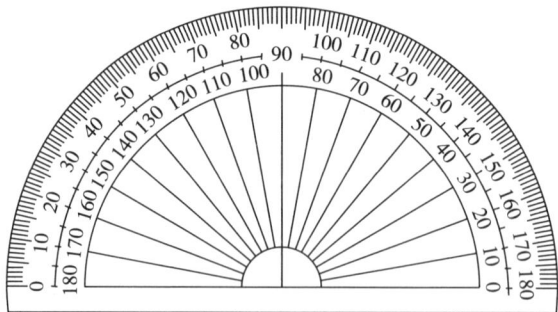

生1：我发现有很多刻度线，为什么这是空的？这里特别密？

生2：量角器上有两圈数字，到底该看哪一圈呢？

生3：量角器是圆圆的，角是尖尖的，怎么能量角呢？

板书：（梳理问题）

> 两圈数字？　　　　怎样？
>
> 刻度线？　　　　　为什么？

师：数学知识的获得往往源于运用数学眼光的观察，同学们得到了很多关于量角器的信息的同时，提出了很多有研究意义的问题。要解决这些问题，可以从研究量角器的构造开始。

（二）认识1°的角及中心

师：把半圆平均分成180份，每一份所对的角是1度的角，度是角的计量单位，1度也可以记作1°。

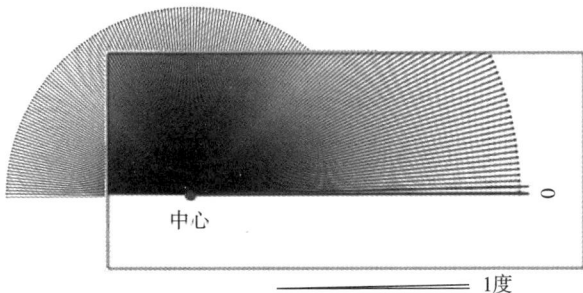

师：除了这个角是1°，这个角也是1°。

师：这个呢？（第三个）

生1：也是1°。

师：观察这些1°的角，你们有什么感受？

生2：很小。

师：你们也有这样的感受吗？

生：是的。

师：它们有什么共同点？

（生：它们都有同一个顶点）

师：不仅仅是这3个1°的角有同一个顶点，这180个1°的角都有同一个顶点，这个点至关重要，在量角器上，我们把它叫作中心。

（三）完善内圈、外圈刻度

师：如果把1°的角的一条边当作0°刻度线，那这条边对应的刻度是多少？

生1：1°。

师：这条边对应的刻度是多少？

生2：2°。

师：你是怎么想的？

生2：这里有2个1°，就是2°，这个角一条边与0°刻度线重合，另一边表示2°刻度线。

师：这条线呢？

生3：5°，这里有5个1°，就是5°，这个角的一条边与0°刻度线重合，另一边表示5°刻度线。

师：这条线呢？

生4：10°，这里有10个1°，就是10°，10°的角的一条边与0°刻度线重合，另一边表示10°刻度线。

师：这条线呢？

生5：20°，这个角里有20个1°，就是20°，20°的角的一条边与0°刻度线重合，另一边表示20°刻度线。

师：像这样继续数下去，就有了30°、40°……170°。

生：180°。

师：你们是怎么想的？

生1：180°，这个角里有180个1°，就是180°，180°的角的一条边与0°刻度线重合，另一边表示180°刻度线。

师：刚才我们以这条边为0°刻度线，那如果以这条边（指着外圈0°刻度线）为0°刻度线，1°刻度线在哪儿？为什么？

生2：这两条刻度线形成的角是1°，一条边与0°刻度线重合，另一边的刻度表示1°刻度线。

师：10°刻度线在哪儿？

生3：这两条刻度线形成的角是10°，一条边与0°刻度线重合，另一边的刻度表示10°刻度线。

师：像这样依次找下去，就有20°、30°、40°……170°、180°。

（四）优化量角器

师：（指着图）这个图看起来怎么样？

师：为了便于观察和美观，我们把量角器简化成了这个样子。（出示简化

后的量角器图）

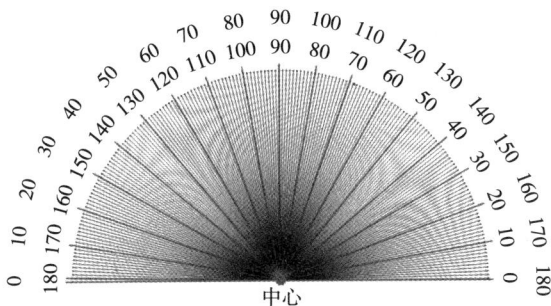

师：在外圈的叫外圈刻度，在内圈的叫内圈刻度。

师：在量角器上你们还能找到中心、两圈刻度和0°刻度线吗？

（结合学生回答：明确中心、外圈刻度、内圈刻度、内外圈0°刻度线）

（五）在量角器中找角

师：现在我们对量角器有了一定认识，现在你们还能找到1°的角吗？

生1：角顶点在量角器的中心，一条边指向0°刻度线，另一条边指向1°刻度线，这个角的大小就是1°。

师：非常规范，掌声送给他。你们能找到30°的角吗？

生2：我找的是30°的角，一条边与0°刻度线对齐，另一条边与30°刻度线对齐，这里有30个1°就是30°。

师：还能找到其他30°的角吗？

（学生小组合作交流，教师巡视指导）

师：（小结）要想知道一个角有多大，我们可以像度量长度和面积一样，数度量单位的个数，有多少个1°，这个角就是多少度。一般情况下，为了读数方便，我们把0°刻度线与角的一条边重合。

【设计意图】本环节是本节课教学的核心，是引导学生逐步优化量角工具、认识量角器构造的过程。主要分三个层次，整体感知量角器，引出1度的角和中心；由1°的不断累加，认识刻度线；由细分后的半圆工具读数不便引出两圈刻度，成功创造量角器。并在此过程中认识度量单位，掌握度量方法，感悟度量本质。

三、在量角过程中，体验度量价值

师：还记得∠1吗？它到底有多大？试着量一量。

（学生活动）

（展示学生的作品）

生1：我是这样摆的，量角器的中心与角的顶点重合，0°刻度线与角的一条边重合，这条边指向60，这里有60个1°的角，∠1就是60°。

师：你们有什么想问他的？

生2：你为什么这样摆放呢？

生1：这样摆放，就可以让量角器上已经知道度数的角与∠1重合。

师：在你们的一问一答之间，解决了这个问题。你们真棒！这个同学的回答中指出一个关键词"重合"（板书：重合），它也是度量工具的本质。量角器量角的过程就是将量角器上已经知道度数的角与被测角重合。

师：在量角的过程中，要注意什么呢？

生1：量角器的中心要和角的顶点重合。

生2：0°刻度线要和角的一条边重合。

生3：从0°刻度数起，看另一条边所对的刻度是多少，就是多少度。

师：（小结）回顾一下这节课的学习过程。要度量一个角，最关键要找到度量单位，通过数一数度量单位的个数就完成了对角的度量。

及时练习：

（1）量角（两个开口相反）。

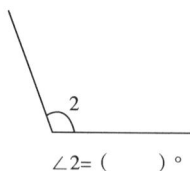

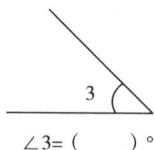

∠2=（   ）°   ∠3=（   ）°

（2）这里有一个30°的角，用放大镜放大之后是多少度呢？

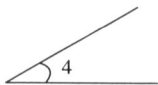

生1：30°。

生2：角的大小与边无关。

师：你们用的量角器和老师的量角器量会不同吗？

生：不会。

师：（小结）看来一个角有多大，我们就看这个角里有多少个1°的角就行了，与边长和度量工具的大小无关。

【设计意图】由"尝试测量→总结方法→再次测量→比较大小"层层递进，表面看是练习，实为新知与练习的完美结合，体现了边练边学的特点。所有知识点都是基于学生的探索活动与发现自然生成的，学生"吃"得毫不费力又津津有味。

四、在类比关联中，构建度量体系

师：今天这节课，我们在长度、面积度量的基础上，进一步研究角的度量。它们有什么相同点呢？先观察、独立思考，再同桌交流。

（出示课件）

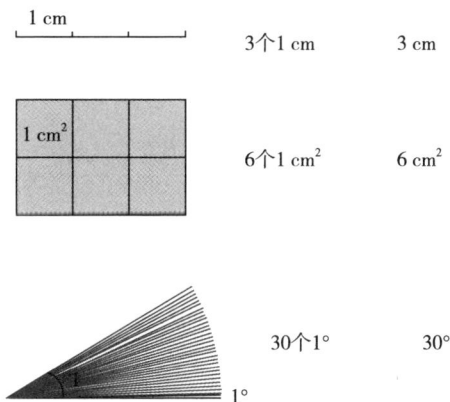

生：它们都是先规定一个计量单位，再去数度量单位的个数。

师：真善于思考！这个过程可以用"定单位→去测量→得结果"来表示。

师：瞧，度量对象、度量单位、度量工具在变，而度量本质和基本活动经验不变，这就是数学的魅力。

师：这节课即将结束了，学习伴随着收获，但是任何点滴的收获都是后续学习的新起点。六年级我们会研究体积，我希望同学们到时候能带着今天的收获去探究。

【设计意图】在经历"定单位→去测量→得结果"的角的度量历程后，把角的度量与其他量的度量再次进行勾连，学生对度量的感受越来越通透。无论哪种量的度量，在方法上是一致的，随着标准越来越精细，度量的结果就会越来越精准，从而在较高层次上实现认知的整体建构。

5.3 图形的位置和运动

5.3.1 整体解读

纵观"图形与几何"领域的学习，包含"图形的认识与测量"和"图形的位置与运动"。人的认知过程是统一的，先认识事物，再熟悉事物，最终是要将事物放置于生活环境中来使用的。认识抽象的图形也是如此，先通过特征认识图形，再熟悉各类图形的测量和计算方法，最终要将图形放置于时空中进一步探索。静止是相对的，而运动是绝对的。图形运动时会产生相对的静止，就有了位置。学生就是在这样的认知序列中学习"图形的位置与运动"的相关知识。

具体看"图形的位置"，它包含主观认识的相对方向：上、下、左、右、前、后、里、外；客观认识的绝对方向：东、南、西、北、东南、东北、西南、西北；综合性用方向、距离和角度描述来确定位置。第二学段的学生处于前运算阶段到具体运算阶段的过渡时期，以自我为中心，在初步认识图形后，进行相对方向的教学，学生容易学习，便于理解，符合当下学生的认知发展规律。随着成长，学生逐步进入具体运算阶段，此时进行绝对方向的教学，学生能从客观角度理解方向。从前面的方向学习可知，方向的变化其实就是参照的变化。相对方向的参照主要就是学生自身，绝对方向的参照是客观世界。最后学生进入形式运算阶段，此时引导学生逐步抽象参照，从教师视角抽象成坐标系，将学生的座位抽象成数对，即坐标，先用数对确定位置，再在坐标系中通过方向、距离、角度的综合性知识认识图形的位置。

再看"图形的运动"，小学阶段主要学习图形的平移、旋转和轴对称。图形的运动和图形的位置其实是一致的。对于尚处于具体运算阶段和前运算阶段的学生来说，不能理解运动的本质——相对位置的变化，所以在"图形的位置"逐步抽象出平面直角坐标系这个相对参照的过程中，通过观察与具体操作，先感受图形位置的变换，再感受位置变化的方向和距离，最后实现与"图形的位置"结合，教学"用方向和距离描述位置"，实现运动与位置的统一。

学生在逐步抽象的过程中逐步融合两个主题，寻求两个主题本质上相通之处，并最终指向相对参照：平面直角坐标系这一核心，体会图形的位置与运动的一致。

5.3.2 课标解读

2022 年版课程标准，统合了图形的位置与运动，通过内容之间的相互联系，帮助学生螺旋上升、逐段递进地认识图形，体会运动前后图形的变与不变，逐步形成空间观念和几何直观。这部分内容主要安排在第二学段和第三学段。在教学中需注重学生的体会和感受，引导学生先多表达，再谈理解，可以结合实际情境帮助学生判断物体的位置，并抽象成平面图形上点的位置。在实际情景中观察图形的运动，并抽象出平移、旋转、轴对称的特征，理解图形在时空中的变与不变，增强空间观念、几何直观和应用意识。

5.3.3 课例研究

课例 1："用数对确定位置"教学实录

教学内容

苏教版小学数学四年级下册第八单元，教材第 98、99 页。

内容解析

"用数对确定位置"是"图形与几何"领域的重要学习内容，从知识体系上看，属于小学数学"图形与几何"领域中"图形的位置与运动"方面的知识，是在第一学段已经学习了前后、上下、左右等表示物体具体位置及简单路线等知识的基础上进行学习的，是第一学段学习内容的延续和发展。通过观察、体验、归纳、运用等数学学习形式，学生能够初步感受用抽象的数对确定位置，进一步发展学生的空间观念，提高抽象思维能力。教学重在让学生去感受数学问题的生活性和探索性，为今后进一步学习"图形与坐标"打下坚实的基础。

学情分析

学生在低年级学习了类似"第几排第几个"的方式描述物体在平面上的位置，已经获得了用自然数表示位置的经验。同时，通过"位置与方向"的学习，进一步认识了在平面内可以通过两个条件确定物体的位置。本单元的"确定位置"将学生已有的用类似"第几排第几个"的方式描述位置的经验加以提升，用抽象的数对来表示位置，进一步发展空间观念，提高抽象思维能力。

📚 教学目标

（1）结合具体情境，经历用数对表示位置和用数对确定位置的过程，并能用数对确定位置。

（2）在熟悉的生活情境中，通过自主探索和合作交流解决实际问题。

（3）体验用数对确定位置的必要性和简洁性，感受确定位置与生活的紧密联系，体会数学的应用价值。

📚 教学重难点

教学重点：能用数对表示位置，能明确区分数对中两个数表示的不同意义。

教学难点：感悟确定位置的知识的统一性。

📚 教学过程

一、创设冲突，明确研究方向

师：今天这节课我们来学习确定位置。先从之前学习过的内容开始，这里有个家伙与众不同（出示课件，熊二是动态图，其他是静态图），是谁啊？

生：熊二。

师：请问熊二在什么位置？

生1：我认为是从右往左数，第2个。

生2：从左往右数，熊二是第4个。

师：非常好，还有谁有不同的想法？

生 3：它在熊大左边的第 1 个。

师：可以吗？还有谁有不同的想法？

生 4：也可以说它在小狐狸右边第 1 个。

师：同学们的说法虽然不同，但是也有相同点，你们有没有发现？

生 5：他们都表示了熊二的位置。

师：是的，刚刚大家描述的方法和语句有没有什么相同的？

生 6：表述的方式都有"左""右"两个字。

师："左""右"就是方向，同意吗？

生：同意。

师：除了有方向（板书：方向），还有什么呢？

生：还有距离。

师：也就是一个个数，是吗？（板书：距离）刚才大家说的都不一样，但是我们找到了共同点，这就是在混乱（板书：混乱）中找到了一点秩序（板书：秩序）。那为什么又不一样呢？有的是左边，有的是右边？有的是第 1 个，有的是第 2 个。

生 1：我认为是观察的角度和方向不同。

师：太棒了！观察的方向不同、观察者的角度不同，导致了我们描述的不同，但是不管采用哪一个同学的说法，只要我们抓住了方向和距离，就可以准确地描述出熊二的位置。

【设计意图】在描述位置上设置矛盾，感受描述方法不统一带来的不便，体验统一描述方法的必要性。渗透正确的描述顺序，分解难点，为理解"数对"这一抽象的概念奠定基础。

二、问题引领，驱动知识生长

（一）自由描述位置，引发需求

师：这是我们之前学习的内容，我们来看今天要研究的内容，也有一个很特别的同学。找到了吗？

生：找到了，小军。

师：图中带名字的是小军，小军在这儿。如果想让你们用一句话来表示表达小军的位置，你们会怎么说？想一想，把你们想说的写在学习单上。

（学生独立完成后，请一些学生将自己的作品贴在黑板上）

师：请大家依次来介绍一下自己的作品。

生1：（学生结合主题图，边指边说）从左往右数，小军坐在第3排第4个。

师：你的第3排是怎么数的？

生1：第3排是从下往上数的。

师：这样可以了吗？这样就更清楚了。

生2：从左往右数的第4列是小军。

师：指着图说一说。

（生上台指着图再说一遍）

师：他说的列是什么意思？能用手势来表示这个列吗？

（学生比画）

生3：（学生结合主题图，边指边说）小军位置在第4列第3行。

生4：我的是从上往下看第3行，再从左往右看第4个。

师：刚才4个同学的表述都能让你们找到小军的位置吗？有没有问题？

生1：有的人数行是从上往下数，有的人数行是从下往上数。有的人先说行再说列，有的人先说列再说行。

师：你们也发现了吗？看来还是回到老师今天写的第一个词：混乱。虽然都准确表达了，但是都比较混乱。

（二）依据实际需求，统一标准

师：有没有什么好的建议呢？前后四人一小组聊一聊。

（学生讨论）

师：好了吗？有没有商量出一个结果？

生1：我认为可以先说出小军的方向，再说出小军的位置。先明确是从上往下还是从下往上，先说清楚是怎么观察的，再说出小军的位置。

师：你的意思就是说我们要定一个统一的规则，定一个统一的标准。数学中就有这样的标准。刚才，同学们用到了很多词，有行，有排，还有列。在数学上，我们一般中只用两个字来表示，第一字是列，第二个字是行。首先看，什么是列？

生1：竖着的。

师：我们把竖排叫作列。那行呢？

生2：横排。

师：那么现在我们只用这两个字来表述小军的位置，你们觉得可以怎样表述呢？

生 3：4 列 3 行。

师：第 4 列第 3 行，是这个意思吗？还可以怎么说？

生 4：第 3 行第 3 列。

师：有同学从左往右数，是第 4 列第 3 行，现在有同学从右往左数，是第 3 行第 3 列。有人从左数，有人从右数。那怎么办呢？

生：统一。

师：看来只规定了列和行还不行，还要告诉我们列和行怎么数。在这个画面上还有一个重要的人物，她一直背对着我们在，是谁？

生：老师。

师：从老师的角度观察，我们现在的角度和老师是？

生：一样的。

师：从老师的角度观察，我们一般数列时从左往右，和我们写字的习惯是一样的。那现在，我们可以怎么说？

生 1：第 4 列。

师：还有一个行，该怎么说呢？行的规定是从前往后。现在再说说小军的位置。

生 2：第 4 列第 3 行。

师：同意吗？还可怎么说？

生 3：第 3 行第 4 列。

师：第 4 列第 3 行，第 3 行第 4 列。（老师看着学生，用眼神鼓励学生继续说）

生 4：我觉得他们有的先说行再说列，有的先说列再说行，可以再规定一下。

师：同学们，你们认为呢？需不需要？

生：需要。

师：我们从开始到现在，都是在不断地规定，数学中就有这样的规定，先说列再说行，那现在小军的位置在哪儿？

生：第 4 列第 3 行。

师：（板书）我们一起来看一下，为什么在这么多混乱的说法中，最后只用到了一种？因为我们制定了统一的秩序、标准、规则。这样的规则我们要记清楚了。回顾一下，先来看看怎么数列的？

（学生用手势比画）

（三）抽象出点子图，初步建模

师：接下来，继续看。（从座位图变成点子图）发生了什么变化？

生1：没有老师，也没有同学了。

生2：我发现同学们都被点代替了。

师：现在，你们还知道小军在哪儿吗？

生3：知道，那个红点。

师：这里做了标记，那如果没有这个标记，你们还能找到他吗？

生：能。

师：怎么找？

生4：第4列第3行。

师：刚刚有个同学说老师也不见了。从问题的情境来看，老师是观察者，观察者不见了，还有列和行吗？

生：有。

师：这个点可以看成是？

生5：桌子的位置。

师：在生活中，很多观察并不依赖于观察者，当我们制定了列和行这样统一的规定之后，是不是位置就确定了？第4列第3行是不是很简单？但是我觉得它可以更简单，试试看，在学习单上写一写，还可以怎么简化？

（学生独立思考并记录）

（学生反馈作品）

生1：4，3。

生2：4列3行。

生3：3行4列。

生4：4×3。

师：同学们已经将很多表示方法写在黑板上了。下面我们用排除法看看哪种不是很理解。

生5：4×3。

生4：我见过这种表达法。

生5：我觉得你见过这种表达法在某个地方是需要的，可是在这个地方有点不能理解。

生6：我觉得这个4×3表达的是面积，不是表达它的位置。

师：你不知道该怎么解释对不对？没关系，孩子们，有的时候我们有一些想法，别人他并不是完全能理解，但是往往有的时候是合理的，有的时候却不是那么合理，我们先把这个有争议的去掉。

师：你们还觉得哪个是不能理解的？或者说是觉得有问题的？

生7：3行4列，我不理解的是，老师说了应该先说列再说行，为什么先写行再写列呢？

师：这个呢，我可以来帮他解释一下，其实他在本子上写了两个答案，一个是4列3行，一个是3行4列，我请他把这个答案写到黑板上，是为了提醒同学们要先写列再写行。谢谢这个同学给我们提供了研究的资源。那我们现在可以把这个答案也擦掉，现在还剩几个呢？

生：两个。

师：2选1，你们喜欢哪一个？

生8：我喜欢第一个，我觉得很简洁，写这个的同学不能解释一下吗？

生1：这里的4表示的是4列，3表示的是3行。

师：刚才这个同学在读的时候读的是四点三，但是这中间其实是一个逗号，大家应该知道逗号和点是不一样的。我想采访一下这个同学，你为什么要用一个逗号把它隔开，不写这个逗号行不行？

生1：如果把逗号去掉，这个数字就变成了43。

师：也就是用逗号的目的是想把这两个数字隔开。看来同学们在黑板上剩余的两个答案中更倾向于第1个答案。老师在这里也要更正一下，你们所说的4列3行，严格意义上来说应该是第4列第3行。那我现在把第2个答案也擦掉了。

（四）数对确定位置，确立标准

师：现在你们知道在数学中是怎么表示位置的吗？是的，我们用一个逗号把4和3隔开，在左边和右边打上一个小括号把它们合在一起，因为它们两个是有关系的数。这就是我们今天要学习的内容。（板书课题）

师：这个是数对，我们在读的时候可以读作数对四三，或者可以直接读成四三，我们一起来读一读。

生1：数对四三，或者四三。

师：很简单，那这里的两个数各表示什么意思呢？

生2：第1个数4表示的是第4列，第2个数3表示的是第3行。

师：同学们，这里红色位置的数对就可以写成数对（4，3），这里还有很多点，请找一个喜欢的点，把它用数对表示出来。

（学生在黑板上书写）

师：仔细观察这些同学书写的，你们都同意他们的想法吗？

生：同意。

师：你们太厉害了！刚学了一个知识，立马就能用了。同学们，回顾一下我们今天学习的过程，关于小军的位置（老师手指黑板上学生板贴的各种不同的答案），有没有什么想说的？

生1：同样是表达小军的位置，有很多种表达方式。

生2：我觉得如果没有这种规定的话，我们有很多种表达的方法。

师：这个同学在刚才那个同学的基础上加了一句话。他提到了规定，其实就是我们所说的标准。

生3：有了标准之后，我们说的时候就没有那么混乱了。

生4：有了标准之后，还有更简便的写法。

师：有了这种方法后，我们的表达方式变得更加简单、直接。这种表达方式准确吗？

生：准确。

师：数学中准确是前提，在准确的基础上我们可以表达得更加简洁，这就是数学的魅力，也就是数学的价值。

（五）沟通知识联系，构建体系

师：同学们，还有一个问题。我们对比一下，一开始我们表示熊二的位置，从不同的方向，一个数字就可以了。而表示小军的位置需要两个数字加括号的方式。为什么第2幅图不需要观察者和方向？为什么第2幅图需要两个数字，第1幅图只要一个数字？

（学生小组讨论）

师：谁来和我们分享一下？

生1：我觉得第1个图中方向加一个数字，它是一个立体的，下面的是平面的。

生2：第1幅图只有行，第2幅图有行有列，所以它需要两个数字。如果它是一个立体的话，可能就变成 3 个数字了。

师：在第 1 幅图里只有一行，所以只需要一个数字；在第 2 幅图里，它给我们的是一个面，所以它需要两个数字。孩子们你们只回答了老师的一个问题，另一个问题呢？

生 1：我发现第 2 个已经把方向变成了行和列。

师：他想表达的是什么？第 2 个真的没有方向吗？

生 2：第 2 个表示的就是第几列第几行，已经告诉了我们方向。

师：是啊，虽然这里面没说方向，但是方向就包含在数字里面。因为我们有了规则，这个 4 和 3 是不是就包含方向呢？它只不过是把规则放在了数字的背后。同学们，我们用了一个数对就表示了这个小军的位置，那么（4，3）还能表示其他点的位置吗？

生：不能。

师：为什么呢？

生 1：因为平面图里的位置是不可能增加或减少的。

生 2：我觉得平面图里面的位置是不可能增加或减少的，而且那些位置的地方也不会随意乱动。小军所在的位置他只有一个，不可能是其他人的位置。

师：两个同学表达的意思其实是一样的。也就是说这个数对只能表示这一个点，而这个点也只能用这一个数对来表示。

【设计意图】以问题为驱动，调动学生主动学习的积极性，学生基于已有的生活经验尝试表达小军的位置。在对话中，学生体会用一个数不能准确表达二维空间的位置，需要构建两个数来描述。在不同的描述中引发学生的认知冲突：同一个位置，表达的形式却不同，引起学生想要统一标准的迫切需要，自然引出"行、列""第几行""第几列"。学生通过合作交流，明确行和列的排列规则，为接下来的学习打下扎实的基础。自主简化教学中，学生个性化表达的过程，其实就是学生感知、理解数对的过程，学生经历知识的形成过程，能够深刻理解概念，更充分地体验"数对"的简洁性。

三、拓展延伸，导向深度思考

师：今天这节课即将接近尾声，请大家拿出学习单，看看学习单，你们看到了什么？

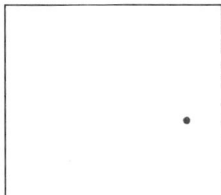

生：正方形和一个点。

师：那如果让你们去表示这个黑点的位置，你们会怎么表达呢？

生1：我认为这个点没有告诉我们列和行，所以我用 x 表示它的列，用 y 表示它的行，即 (x, y)。因为没有规定是多少列和多少行，所以我就用字母来表示它的行和列。

师：因为不确定，所以他想到了用字母来代替。这个同学用了两个字母，如果这地方我都用 x 来表示列和行，即 (x, x)，可不可以？

生2：不可以。因为 x 和 x 这两个字母是一样的。而且你看这个图，这个行明显比这个列短。

师：一个字母只能表示一个数。这个位置的数对中不可能两个数是一样的，所以要用两个不同的字母来表达。

生3：因为这里没有规定几列几行，所以我们就可以自己创造一个。我画了一些线，这里是 $(5, 4)$。

生4：因为没有给我们行数和列数，所以我是用画表格的方法给他创造列数和行数。我发现他是第4列的第3行，是 $(4, 3)$。

师：他创造了一个和其他同学不同的规则。

师：对比一下这两个同学的作品。他们都是画格子的，有没有什么区别呢？

生：一个在格子的里面，一个在线上。

师：在格子里面是把一排格子看成是列和行，而在线上是把线看作列和行。同学们，既然规则是可以确定的，那接下来老师给你们一个例子。

（出示课件）

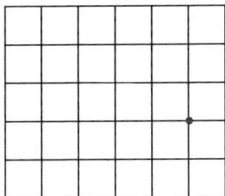

师：这样可以确定吗？

生1：还缺少列和行的规定。

师：假如这个点是（1，1），那么另一个点是多少？

（出示课件）

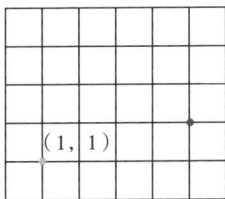

生2：（5，2）。

师：老师并没有写，这上面也没有标记列和行，你是怎么知道的呢？

生2：我根据（1，1）就可以知道列和行了。

（学生依次数出列和行）

师：只要我们确定了一个点，根据刚才的规则，就可以知道新的点在哪里。那么，请问这两个黑色点的数对是多少？

（出示课件）

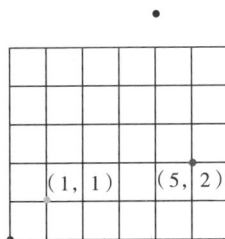

生 1：（0，0）。（1，1）表示的是第 1 列第 1 行，那么它的左边就是第 0 列第 0 行。

师：大家都有感觉了，那我们继续来看。

师：你们能不能大胆猜一猜这个点表示的是多少？

生 2：（4，6）。

师：看来我们把规则和标准制定后，这个平面其实是可以这样去延伸的。

师：你觉得左下角的点又在什么位置呢？大家可以带着今天这节课的收获在课下继续思考。

（出示课件）

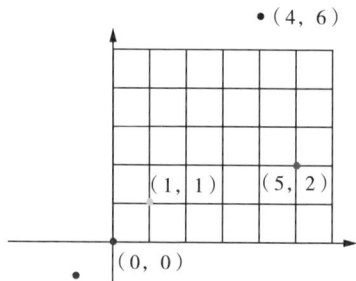

【设计意图】本节课将人物图抽象为点子图，再在点子图的基础上继续发散思维，学生通过判断点的位置，深入理解数对中数的含义。教学中渗透了"数形结合"的思想，培养学生的空间观念和推理意识，孕伏"坐标"知识。

课例 2："用方向和距离确定位置"教学实录

教学内容

苏教版小学数学六年级下册第五单元，教材第 50、51 页。

内容解析

"用方向和距离确定位置"是"图形与几何"领域的重要学习内容，从知识体系上看，属于小学数学"图形与几何"领域中"图形的位置与运动"方面的知识。本课时是在学生已经学会用"东、南、西、北、东北、西北、东南、西南"这 8 个方向描述物体间位置关系以及用数对确定位置的基础上，教学用方向和距离确定物体的位置，使学生能根据物体相对于观测点的方向和距离描述其位置，能根据方向和距离在平面图上表示出物体的位置，体会刻画现实空间中物体间相对位置的关系的方法，感受知识之间的联系，发展空间观念。

学情分析

学生对判断方向（8个方向）有了一定的生活常识的体验，这为本节课的学习奠定了基础。但学生还不习惯用角度描述位置，对角度和方向的关系有时候把握不准，在描述物体位置时还不能很准确地描述方向和距离（有比例尺的图）。

教学目标

（1）使学生在海上救援情境中认识北偏东、北偏西、南偏东、南偏西等方向，初步学会用方向和距离确定位置。

（2）使学生经历用方向和距离确定位置的过程，初步感受其合理性，进一步培养观察能力、识图能力和有条理的表达能力，发展空间观念。

（3）使学生在参与数学活动的过程中，进一步体验数学与生活的密切联系，增强用数学的眼光观察日常生活现象、解决日常生活问题的意识，激发数学学习的兴趣。

教学重难点

教学重点：怎么用方向和距离确定位置。

教学难点：不同确定位置方法的异同之处。

教学过程

一、回顾旧知，引发需求

师：以前咱们是怎样确定位置的？

生1：我们学习用东、南、西、北的方向确定位置。

生2：用数对确定位置。

师：说得好，随着视野的开阔，我们来到了大海这样的环境中，你们能用数对确定船的位置吗？

（学生观察图片，思考片刻，有人举手）

生1：好像不能吧，我们不清楚列和行。

生2：没有列和行的具体数字。

【设计意图】通过回顾旧知，增设疑问，产生冲突，激发学生的学习兴趣，提高学生学习的积极性。

二、合作交流，探究新知

（一）先行探索，尝试表达

师：你们很会思考，现在一起来看图，你们看到了哪些有用的信息呢？
（出示课件）

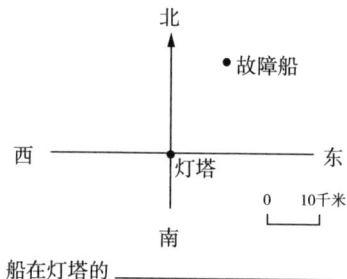

船在灯塔的 _____

生1：除了故障船，我还看到了中间位置的灯塔。

生2：我们学过上北、下南、左西、右东。

生3：还有比例尺，图上1厘米表示实际的10千米。

师：同学们观察得很仔细。现在请用画一画、量一量等方法，试着找出故障船在灯塔的哪个位置？

（学生拿出探究单尝试探索，教师巡视，沟通交流）

生1：我觉得故障船在东北方向。

生2：我量出了度数是60°，船在东北方向60°。

生3：我量出了度数是30°，故障船和灯塔的距离是2厘米，所以故障船在灯塔的东北方向30°距离20千米的地方。

（学生自发鼓掌）

师：你们能说说给他鼓掌的原因吗？

生4：我觉得他说得有道理。他说出了距离是2厘米，也就是实际20千米。还有方向，我跟他一样是30°。

— 200 —

生 5：我是东北 60°方向，也是 20 千米。

师：看来故障船和灯塔之间的距离是 2 厘米，也就是实际距离 20 千米，这点我们达成共识了。（师板书：距离）

师：现在就是方向，有的同学是东北方向，有的同学是东北方向 60°，还有的同学是东北方向 30°，那这个角度到底怎么说呢？

师：我们来看图，60°是以东为基准向北偏的度数，30°是以北为基准向东偏的度数。生活中，一般以北作为基准还是东作为基准呢？

（学生交流讨论）

生 1：我们知道指南针在大海中可以确定方向，无论什么时候指南针都是指向南方，上北下南，北和南在一条线上，所以我们觉得以北为基准。

生 2：我看到图上有一个指向北的箭头，是不是说以北为基准呢？

师：你们很会思考，在数学上，东北方向也叫北偏东。我们一般以南北方向作为基准。（师板书：方向）

师：现在你们能试着说一说故障船在灯塔的什么位置了吗？

（学生思考后作答）

生 1：故障船在灯塔的北偏东 30°方向 20 千米处。

生 2：故障船在灯塔的北偏东 30°方向 20 千米处。

师：掌声送给他们！

（其他学生订正，师板书：故障船在灯塔的北偏东 30°方向 20 千米处）

（二）巩固方法，明确表述

师：故障船的位置现在确定了，灯塔上的工作人员找到了两艘救援船前去救援。我们先来看救援船 1 的位置。（出示图片）

师：救援船 1 的位置应该怎样表述？

（学生思考后举手）

生 1：救援船 1 在灯塔的西偏南 40°方向 30 千米处。

生 2：救援船 1 在灯塔的南偏西 50°方向 30 千米处。

生 3：应该说南偏西吧，因为刚才说是以南北方向作为基准。

师：几个同学说得都不错，一般情况下我们说成南偏西，不说西偏南。

（三）深度认知，内化于心

师：明确了救援船 1 的位置后，我们再来看救援船 2 的位置。

师：救援船 2 在灯塔的北偏西方向，能确定救援船 2 的位置吗？（出示图片）

生：不能。

师：为什么？

生 1：这个北偏西方向很大，没有办法找到救援船 2 的具体位置。

师：从数学的角度看，你们知道北偏西方向的这个阴影涂色部分表示的是什么图形吗？

（学生思考）

生 1：是一个面！

（师生共同鼓掌）

师：了不起，很有数学思维！北偏西方向确定的是一个面，没办法找到救援船 2 的具体位置。如果救援船 2 在灯塔的北偏西 30°方向呢？

生 2：也不能确定，因为这是一条线。

师：如果救援船 2 在灯塔的北偏西 30°方向 30 千米处呢？

生：能确定了。

生 3：这确定的是一个点！

师：是的，用方向和距离确定位置，就是这样一个从面到线再到点的不断精确的过程。

师：好，两艘救援船的位置都确定了，假设它们速度相同的情况下，选哪艘船去营救比较合适呢？

生 1：救援船 2，因为距离故障船近一些。

师：那现在我们要思考的是，故障船在救援船 2 的什么位置呢？

生 2：故障船在救援船 2 的南偏东方向。

（其他学生表示同意）

师：同样都在表示船的位置，为什么表述得不一样？

（学生思考）

生 1：一个是说故障船在灯塔的什么位置，另一个是说故障船在救援船 2 的什么位置。

师：说得真好，正是因为观测点不一样，在描述故障船的位置时，说法就不一样。

师：明确了故障船在救援船 2 的位置后，救援船 2 就可以前去救援了。

【设计意图】通过创设海上救援情境，学生在小组合作探索中明确用方向和距离确定位置的合理性和必要性，知识自然生成，方法内化于心。

三、比较分析，沟通联系

师：用方向和距离确定位置与用数对确定位置有什么相同点和不同点呢？

（学生小组交流讨论）

生1：我们组找到了不同点，用数对确定位置用的是列和行，今天学的是用方向和距离确定位置。

生2：它们的图形不一样。

生2：就是说数对要在方格图中才能说，用方向和距离确定位置要有平面方向图。

师：同学们思考得很深刻，你们还有想说的吗？

生1：我觉得这两种方法都是用两个东西来说的。

师：你是说都是用两个量来描述位置的是吗？

生1：是的。

师：很好，你找到了它们的相同点了。还有吗？给你们一个提示，从观察者的角度再想一想呢？

（学生思考有人举手）

师：听听你的想法。

生2：用数对确定位置要有一个观察者，今天我们学的用方向和距离确定位置，其实也要有一个观测点。

（生鼓掌）

师：说得真好，都要有一个观察者。进一步思考我们会发现，用数对确定位置时这个观察者可以不说出来。但是用方向和距离确定位置时这个观测点必须说出来。

【设计意图】学生小组合作交流，对所学知识进行比较分析、总结概括，不但有效沟通了新旧知识的联系，形成完整的知识体系，而且对学生数学方法的提炼、数学思维的发展、合作交流能力的提升都有所裨益。

四、全课小结，深化认知

师：本节课你们有什么收获？请和大家分享。

课例 3："平移和旋转"教学实录

教学内容

北师大版小学数学三年级下册第二单元，教材第 27—29 页。

内容解析

"平移和旋转"是"图形与几何"领域中"图形的运动"方面的知识，是在学生已经认识了前后、上下、左右和东、南、西、北等方向的基础上进行的，教材精心选择典型的学生熟悉的素材，引导学生在观察、操作和比较中感知平移、旋转的基本含义。形式多样的操作活动能够帮助学生从不同角度丰富认识、积累体验，发展了学生的空间观念以及一定的直观思考能力，并为以后学习在方格纸上平移、旋转简单的图形做好准备。

学情分析

在这之前学生已初步感知过平移与旋转，在生活中已经见到很多平移和旋转的运动现象，在他们的头脑中已有比较感性的平移和旋转的意识。通过活动，学生能够在观察比较中发现什么是平移、什么是旋转，以及它们的运动各有什么特点。

教学目标

（1）在观察和操作中初步认识物体或图形的平移和旋转，能识别平移或旋转前后的图形。

（2）经历观察、操作、表征等数学活动，增强空间观念，发展直观思考能力，初步积累研究物体运动的数学经验，培养学生合作交流的能力。

（3）增强学生对图形及其运动变化的兴趣，利用平移和旋转的知识解决生活中的问题，感受数学与生活的密切联系。

教学重难点

教学重点：了解平移、旋转的特征，并能正确区分物体的运动方式。

教学难点：根据要求正确画出平移后的图形。

📚 **教学过程**

一、直观感知，建构概念

（一）从玩具入手，初步感知平移和旋转的现象

师：同学们，课前我们一起掌握了华容道游戏和魔方的玩法，发现它们的运动方式是不同的。现在，我们用手势来演示一下它们分别是怎么运动的，好吗？

师：华容道是怎么运动的？

（学生做移动的手势）

师：魔方是怎么运动的？

（学生做转动的手势）

师：华容道游戏的运动方式，在数学上我们称为平移，而魔方的运动方式就叫作旋转。（板书课题：平移和旋转）

师：其实，在生活中这种平移和旋转的现象还有很多，咱们一起来看一看。（课件分别出示火车、螺旋桨、钟表指针、推拉窗、风扇叶片、电梯、方向盘、缆车的运动）

师：上面哪些物体的运动方式是平移？哪些是旋转？

师：火车的运动是——

生：平移。

师：直升机螺旋桨的运动是——

生：旋转。

师：钟面上指针的运动是——

生：旋转。

……

（从第 4 个开始，学生一起边比画边说）

师：现在，我们给它们分分类。（课件移动图片：平移的一排，旋转的一排）看，上面的 4 个物体（火车、电梯、缆车、推拉窗）都是沿着某个方向移动一定的距离，这种运动方式就是平移；而下面的 4 个物体（风扇叶片、螺旋桨、方向盘、钟表指针）都是绕着一个点转动，这样的运动方式就是旋转。

（二）在举例中，加深对平移和旋转现象的理解

师：生活中还有很多平移和旋转的例子，谁来说一说。注意要说清什么运动是平移，什么运动是旋转。

生1：我觉得陀螺的运动就是旋转。

生2：老师擦黑板时，黑板擦的运动是平移。

生3：自行车的运动也是旋转。

生4：我觉得自行车整体看是平移，而轮子是旋转。

师：大家认为呢？

生5：自行车的运动是平移，但轮子的运动好像又不仅仅是旋转，它还往前走的。

师：是的，旋转是物体绕着一个点所做的运动，这里轮子的运动中的确有旋转，但还包含着其他更复杂的运动方式，你们能想到旋转已经很不错了。

师：看来生活中平移和旋转的例子的确很多，由于时间关系，我们不一一说了。

（三）操作泡沫棒，初步体悟平移和旋转的特征

师：看，老师还带来一根泡沫棒，谁能用这根泡沫棒来演示一下平移与旋转。（一个学生在前面演示，其他同学判断是旋转还是平移）

师：真棒！掌声鼓励。

【设计意图】引导学生观察生活中的典型素材，结合手势初步感知物体的运动方式，培养学生用数学的眼光去观察世界，让他们自觉地从数学的角度思考问题。

二、定量分析，探究特征

（一）借助铅笔的平移，明确平移的两个要素

师：现在咱们继续来研究。看，这里有两支铅笔，仔细观察，它们的运动方式是什么？

生：平移。

师：同样是平移，有什么不一样的地方吗？

生1：铅笔1是向左平移的，铅笔2是向右平移的。

生2：铅笔1走得近，铅笔2走得远。

师：不错，我们研究图形的平移，既要观察平移的方向，还要研究平移的距离。（板书：方向和距离）

师：关于方向，我们通常就说是向上、向下、向左、向右平移。

师：接下来一起研究平移的距离，为了方便，老师提供了格子图。我们来数一数铅笔 2 向右平移了几格，在自己的学习单上数一数。

生 1：5 格。

师：都数得这么快啊，咱们用电脑来验证一下答案吧。（课件演示后教师统计：数到 5 格的举手。大多数同学都举了手）

师：真厉害！这么多人都数对了。

（二）借助房屋的平移，探究如何确定平移的距离

师：看来这个问题太简单了。下面老师要出一道难一点的题，敢不敢接受挑战？（课件演示）小房图向什么方向平移了几格？拿出学习纸，同学们可以边想象边数，还可以边数边做些记号。

（1）独立思考，寻找平移的距离。

师：现在来说说你们的答案，如果能说出你们的想法、数法就更棒了。

生 1：向右平移了 2 格，中间隔了 2 格。

生 2：向右平移了 4 格，中间隔了 4 格。

生 3：我觉得是向右平移了 6 格。

师：这么多答案啊，现在请用手势出示你们的答案。那小房图到底是平移了几格呢？

生 4：老师，你帮我们验证一下吧！

师：好，现在我们就用电脑来验证一下。（课件演示小房图平移了 1 格）仔细看，到哪里了？可以修改你们的答案。（课件继续演示）小房图平移了 2 格，可以继续修改你们的答案。（这时有大部分学生的答案是 6 格，课件继续演示小房图的移动）

师：小房图到底向右平移了几格？

生 5：6 格。

（2）合作交流，概括正确的数法。

师：现在我们静下心来好好思考思考，没有电脑的帮助时，我们到底怎么数才能比较准确呢？有什么好办法吗？请把你的想法画在或写在纸上，待会儿我们在小组里讨论一下。

生 1：我是整体想的，像刚才一样按整体移动去想象。

生 2：我是看房屋的一面墙壁的，也就是看这里的一条线段。

生 3：我是看房屋边上的一个点的，就是从这个点跳到最右边的这个点。

师：同学们，他的方法你们听懂了吗？我们形象一点说，他就是看房屋"右耳朵"的那个尖，那还可以看哪些点？

生 1：房屋顶上的这个点。

生 2：房屋的"左耳朵"。

生 3：每个点都可以，但必须是对应的。

师：这是为什么？具体解释解释。

生 3：就是每个点都要跳到对应的地方。

师：真棒！那刚才的这些方法，我们可以概括为两种：数对应线段或者数对应点。（板书：对应线段、对应点）

师：那么，现在我们猜测一下，数其他对应点会不会有一个点平移了 7 格或者 8 格呢？

生：不可能。

师：请大家另外找一些点来数一数，验证一下。（学生验证）

师：都是 6 格吗？

生：是！

师：孩子们，看来，我们可以用怎样的办法来数图形平移的距离？

生：对应点、对应线段。

师：不管是看点还是看线段，我们都要注意——

生：对应。

（3）集体深究，理解平移的特征。

师：一个图形是由无数个点组成的，请大家注意看这个小动画。（课件播放小房图移动的动画，小房图中格点处都用红点标注）注意看所有点的平移方向、平移距离是否一样？

生 1：这些点平移的方向、平移的距离都是一样的。

生 2：平移前后图形大小、形状都不变。

师：对啊。这也就证明了数对应点、对应线段的方法是科学合理的。

（4）即时练习，内化平移的方法。

师：下面我们就用数对应点的方法数一数下面两幅图向什么方向平移了

几格，可以边数边画出弧线。

师：看来数平移前后两个图形之间的间隔是不对的，我们关注的应该是对应点平移的格数。

（三）学以致用，画平移后的图形

师：既然数对应点的方法这么灵，那么能不能用这种方法画出平移后的图形呢？让我们来试一试。

（学生独立作业后，出示 3 份作业）

师：谁来评价一下这 3 份作业。

生 1：作业 1 不对，三角形右边的点应该仍然和右边的点对应。

生 2：作业 2 是对的，他寻找的是三角形上面这个点的对应点。

生 3：作业 3 很好，我觉得他是把三角形三个点的对应点都找到了，然后把三个点连起来就可以了。

师：那你们现在已经很有经验了，谁来说说怎样才能把平移后的图画准确呢？

生 4：画平移后的图形时，最好能先找到一些对应点，然后画出整幅图。我觉得还要尽量多找几个对应点，这样画出的图形才比较准确。

师：仔细观察平移前后的图形，看什么变了，什么没有变。

生 5：平移前后图形的位置变了，图形的大小和形状是不变的。

【设计意图】学生多次经历观察和手势模拟的过程，在一次次模拟运动方式的过程中，逐步对平移有了更清晰、更全面的认识。总结提炼出感悟平移运动特点的过程和方法，为旋转的学习做好充分的准备。

三、游戏激趣，巩固提升

师：大家说得真好。下面我们就用平移和旋转的知识一起来玩个游戏吧！游戏名称叫"汽车拉力赛"，游戏规则：下面有两辆轿车，红色代表女生，蓝色代表男生。答对了，小汽车就向前平移 1 格。比一比男生女生谁的汽车走得更远，好吗？请大家做好准备。

（1）第一关：想一想。

（课件出示：下面物体的运动是平移还是旋转？图一：矿泉水生产流水线的运动；图二：旋转电子门的运动；图三：冉冉升起的国旗；图四：钟摆）

学生回答后，教师强调：钟摆的运动方式其实是旋转的，只是它没有旋转到一整圈，而是旋转了一小部分。课后，大家可以留心观察一下。

（2）第二关：判一判。

（课件出示：下面哪幅图可以由左边的菱形平移得到）

生1：图③。

师：为什么图①和图②都不是？

生1：图①和图②中都要靠旋转才能得到。

（3）第三关：涂一涂。

（课件出示：哪一幅图是小船向右平移4格后的图形）

师：静静地想一想，再画一画。

师：其他两幅图为什么不是。

生2：第一艘船是向左平移得到的，最后一艘船我数过了，要向右平移7格才能得到。

（4）第四关：数一数。

［课件出示：蘑菇图向（　　）平移了（　　）格］

师：拿出作业纸，安静地想一想、数一数，数完后写下来。

生3：蘑菇图向上平移了4格。

【设计意图】创设游戏闯关的背景，把4道练习整合在一起，一方面激发学生学习的兴趣。另一方面引导学生在不同的联系中进一步感悟平移和旋转的运动特征。

四、回顾反思，总结提升

师：通过今天的学习，你们都有哪些收获？

师：平移和旋转有什么不同？那它们有什么相同的特点呢？

生1：都在动，但它们的运动方式是不同的。

师：运动前后大小、形状不变，如果倒回去，都可以完全重合。

师：好的，今天我们主要以活动的方式感悟了平移和旋转的特点，随着以后的学习，我们对平移和旋转还会有进一步的认识。

【设计意图】在比较异同中加深对平移和旋转运动本质的理解。除了学什么，学生怎么学更为重要，在这里除了总结今天的学习所得，更多的是对学习过程、学习方法的总结，为学生后续的学习提供支持。

第6章 统计与概率

6.1 整体解读

在小学阶段，统计教学的核心是培养数据意识，以问题解决的需要为驱动，以整理数据、分析数据为基础，以数学活动为载体，采用有效的教学策略，帮助学生在活动中积累活动经验，掌握数据分析方法，发展统计观念，提高数学素养。因此统计知识的教学，需要引导学生经历收集、整理、分析数据的过程，在过程中充分体验数据的价值，强化对数据意识的培养。

可能性的教学内容主要包括两个方面：一是基于生活经验让学生感受生活中有很多事情的发生是不确定的，在不确定的事情中可能会有不同的结果；二是学生在具体实例中能根据可能发生的不同结果，快速、准确地判断出某种结果发生可能性的大小，感受有关随机现象发生的可能性。在课例中，教师利用丰富多样的活动，学生在统计的同时积累对数据随机性的体验。通过数据的收集、整理和观察，从中发现规律，感悟数据的随机性，发展数据意识。数据意识已经成为人们适应时代发展的必备素养之一。

6.2 课标解读

统计与概率是义务教育阶段数学学习的重要领域之一。在小学阶段，统计领域包括"数据分类""数据的收集、整理与表达"两个主题，这些内容分布在三个学段，由浅入深，相互联系。学生在学习过程中，了解统计与概率的基础知识，感悟数据分析的过程，形成数据意识。第一学段的要求是能依据事物特征，按照一定的标准进行分类；能发现事物的特征并制定分类标准，依据标准对事物分类；能用语言简单描述分类的过程；感知事物的共性和差异，形成初步的数据意识。第二学段要求能收集、整理具体实例中的数据，并用合适的方式描述数据，分析与表达数据中蕴含的信息；能用条形统计图合理表示数据，说明数据的现实意义；知道用平均数可以刻画一组数据的集中趋势，知道平均数的统计意义，并能用平均数解决有关的简单实际问题，形成初步的数据意识和应用意识。第三学段要求能解释统计图表达的意义，根据结果作出简单的判断和预测；能在真实情境中理解百分数的统计意义，解决与百分数有关的简单问题；能在认识及应用统计图表和百分数的过程中，形成数据意识，发展应用意识。

在小学阶段，概率领域包括"随机现象发生的可能性"这一个主题。随机现象发生的可能性是通过试验、游戏等活动，让学生了解简单的随机现象，感受并定性描述随机现象发生可能性的大小，感受数据的随机性，形成数据意识。这部分内容主要在第三学段，要求学生能列举生活中的随机现象，列出简单随机现象中所有可能发生的结果，判断简单随机现象发生可能性的大小。对于现实生活中的一些简单问题，能根据数据提供的信息判断随机现象发生的可能性。

6.3 课例研究

课例1："认识百分数"教学实录

📚 教学内容

苏教版六年级上册第六单元，教材第84、85页及第88页练习十四第1～4题。

📚 内容解析

2022年版课程标准将百分数的内容从"数与代数"领域移到"统计与概率"领域的重要原因是适应信息时代、大数据时代的要求。因为统计需要，百分数作为统计数据的频率越来越高，尤其在经济、社会、教育、医疗等领域，所以百分数的教学不仅需要刻画两个数量的倍数关系，即对确定数据进行表达，还需要帮助学生了解百分数的统计意义，即对随机数据进行表达。由此可见，对百分数的教学需引导学生在问题解决中感受百分数的统计意义，培养学生的数据意识。

学情分析

百分数在生活中有着广泛的应用，虽然学生在日常生活中已经大量接触了百分数，但是对百分数的意义以及应用价值的认识还处于模糊阶段。

教学目标

（1）在真实的问题情境中，经历百分数的形成与发展，了解百分数是对数据特征的刻画，了解百分数有助于人们做出合理的判断和预测，体会百分数的统计意义，形成数据意识，发展应用意识。

（2）在对生活现象的交流中理解百分数，自主建构百分数的意义，发展抽象能力。

（3）在对百分数含义探索的过程中，增强交流与合作的意识，发展善于观察、勤于思考、勇于探索的精神，养成用数据说话的习惯，促进数学与生活的联系。

教学重难点

教学重点：理解百分数表示两个数量的倍数关系，体会百分数的统计意义。

教学难点：形成数据意识，发展应用意识。

教学过程

一、创设情境，理解百分数的本质意义

（一）置于情境，合理比较

师：同学们，前段时间我们学校举行了趣味运动会，其中有一项项目是定点投篮。

（出示课前作业）

六（2）班要推选一个投篮水平高的选手代表班级参加，你们推选谁？

编　号	投中次数	投篮总次数
1	16	25
2	13	20
3	18	30

（1）谁的投篮水平高？并说明理由。

（2）如果再比赛一场，结果一样吗？为什么？

师：课前同学们采用不同的方法帮六（2）班选出了投篮高手，我们一起来看这些同学是怎么比的？

生1：$25-16=9$，$20-13=7$，$30-18=12$，$12>9>7$。2号选手水平高，因为投中次数和投篮总次数之间相差不大。

（交流发现：其实只比较未投中的次数无法判断选手投篮水平的高低）

生2：3号投篮水平高，因为投中的次数和投篮总次数都比其他人多。

（交流发现：如果1号和2号选手也投篮30次，投中次数可能比3号选手多）

生3：算出投中次数占投篮兑次数的几分之几，通分比较。

（交流发现：算出投中次数占投篮次数的几分之几后，可以通分比较大小）

师：这里为什么可以用分数来判断投篮水平的高低？

生4：分数表示的是投中次数的占比，同样的投篮总次数，分数越大，投中次数就越多，投得就越准。

师：这些分数除了通分，还可以怎么比较？

生5：还可以化成小数比较。

小结：在这里，无论是将投中次数占投篮总次数的几分之几通分成分母是100的分数，还是转化成小数，都能较为方便地比较出谁投篮水平更高。

（二）彰显冲突，体悟价值

师：通过大家的交流，我们知道2号选手投篮最准。此时又有一个同学踊跃报名，请同学们按从高到低的水平给他们排序。大家有什么办法吗？

生1：还是先求出投中次数占投篮总次数的几分之几。

生2：再通分比较。

师：如果现在参加投篮比赛的同学数量变多了，数据也变得更加复杂了，你们还能较为快速地找到投篮最准的同学吗？会遇到什么麻烦？

生3：当数据变多、变复杂时，通分起来会很麻烦。

师：生活中我们经常会遇到这样的问题，随着比较对象的增多，每增加一项，就得调整公分母一次。当数据变多、变复杂时，通分就更麻烦了，能不能让这麻烦的事变得简单一些呢？

生1：将分数转化成小数来比较。

生2：篮球比赛中都是用百分数表示球员的命中率，这里也可以用百分数。

生3：都化成固定的分母比较，比如100、1000等。

师：转化成小数是能让问题得到解决的，在实际生活中，处理类似问题的时候，人们经常将分母统一为100，但又不写成分数形式，你们知道是什么数吗？

生：百分数。

师：在我们日常生活中，为了便于统计和比较，通常把这些分数用分母是100的分数来表示。虽然形式变了，可 $\frac{64}{100}$ 还是表示什么意思？

师：那 $\frac{65}{100}$ 表示什么？ $\frac{60}{100}$ 呢？和同桌互相说一说。

师：在这里， $\frac{64}{100}$ 、 $\frac{65}{100}$ 、 $\frac{60}{100}$ 都表示投中次数占投篮总次数的百分之几。

（板书：像这样表示一个数是另一个数的百分之几的数就叫百分数）

师：这些百分数都表示投中次数是投篮总次数的百分之几。百分数表示两个量之间的倍数关系。以百分数为标准进行比较既直观又方便。

（三）专注细节，落实读写

师：百分数通常不写成分数形式，那百分数到底怎么读？怎么写？请同学们自学教材第85页，已经会了的同学请在作业本上写出这3个分数的百分数形式，写完后再读一读。

师： $\frac{64}{100}$ 怎么改写？谁来说一说？

生1：在原来分子的后面加上百分号"％"。

师：书写百分号时应该注意什么？

生2：注意两个圆圈不要太大，写在斜杠的左上和右下。

师：像这样的百分数应该怎样读呢？它和分数的读法有什么区别？

生3：百分数不读作一百分之几，而读作百分之几。

（两名学生板演后面两个百分数，其他学生就写法提出建议）

（四）深入讨论，凸显意义

师：如果这4个同学再进行一次这样的投篮比赛，排名会是这样吗？

生1：也许下一场发挥失常或者发挥更好，这些数据都有可能发生变化。其他同学也许刻苦练习提高了命中率……

生2：他们的命中率总是变化，该怎么选呢？

师：要选出水平最高的选手去比赛，怎么办呢？

生3：可以多比几场，数据多了，我们做出判断时的把握性就越大，可以看出谁的投篮水平更好一点。

师：经过刚才的讨论，我们找到了一把判断事物程度的标准尺——百分数，它既可以表达确定数据的倍数关系，也可以对将产生的随机数据进行刻画与判断。

师：想一想，生活中你们还见过哪些随机现象？

师：足球比赛时，裁判员通过"抛硬币"决定球队选场地，为什么大家都认同这是公平的呢？

（学生讨论反馈）

【设计意图】通过情境驱动，学生主动形成"命中率"的概念，在数据量较少时能够借助已有知识解决问题，但随着数据量的不断增多，催生统一标准的需求，体会百分数产生的价值。通过对再进行一次投篮比赛的讨论，感受百分数也可以用于对即将发生的事件进行判断和预测，体会百分数的随机性，深化学生对百分数统计意义的理解，从而培养学生的数据意识。

二、回归生活，加深对百分数意义的理解

师：其实生活中处处都有百分数。课前大家已经收集了许多百分数，下面我们要开一场关于百分数的信息发布会，交流一下大家搜集到的百分数，请同学们先仔细研读你们收集到的百分数，再在小组互相说说你们收集的百分数表示什么意思。

师：同学们讨论得真热烈，下面请带着你们的收获走进今天的信息发布会。

（学生上台展示）

师：老师也收集了一些生活中的百分数。这些百分数还是表示随机数据吗？

（学生讨论反馈）

师：通过刚才的交流，试着总结一下百分数表示什么。

生1：它们都表示一个数是另一个数的百分之几。

师：数学就是这么神奇，大家能透过生活中的这些现象提炼出百分数的本质，真了不起！

【设计意图】本环节通过出示生活中的百分数，帮助学生进一步理解百分数的意义，并感受数据中蕴含着信息，体会数据的价值。

三、巩固练习，加深理解

（1）完成教材第85页"试一试"。

根据百分数的意义填空：

① 学校合唱队中，男生人数是女生人数的45％，男生人数是女生人数的 $\frac{(\quad)}{100}$ ，男生与女生人数的比是（　　　）：100。

② 给一艘轮船装货，已经完成了75％，已经装船的货物与货物总量的比是（　　　）：（　　　）。

③ 六年级一班的近视率是20％，（　　　）人数占全班人数的20％。

【设计意图】本环节通过填空的形式，帮助学生进一步完善对百分数意义的理解，启发学生初步体会百分数与分数、比之间的联系，感知百分率的含义，以丰富对百分数意义的认识与理解。

（2）完成教材第88页第3题。

下面哪些分数可以用百分数表示？哪些不能？为什么？

① 一堆煤 $\frac{97}{100}$ 吨，运走了它的 $\frac{75}{100}$ 。

② $\frac{23}{100}$ 米相当于 $\frac{46}{100}$ 米的 $\frac{50}{100}$ 。

师：一堆煤 $\frac{97}{100}$ 吨，运走了它的 $\frac{75}{100}$ ，都可以用百分数表示吗？或者说谁可以用百分数表示，理由是什么呢？

生1： $\frac{97}{100}$ 吨表示的是具体的数量。

师：表示具体的量可以用百分数来表示吗？

生2：不可以。

生3：$\frac{75}{100}$表示运走的占原有的$\frac{75}{100}$，可以用百分数来表示。

师：$\frac{23}{100}$米相当于$\frac{46}{100}$米的$\frac{50}{100}$，哪些可以用百分数表示？哪些不可以？

师：通过刚才的交流，谁来概括一下百分数和分数的联系和区别？

（学生讨论反馈）

师：分数既可以表示一个具体的数量，也可以表示两个量之间的关系，而百分数只能表示两个量之间的关系。

（3）拓展应用，加深理解

给出以下数据，请选择合适的数据填空：

45％、200％、75/100、100％、12.5％。

① 这节课，同学们积极主动，老师希望理解百分数意义的同学占全班同学的（　　　）。

② 一根铁丝长（　　　）米。

③ 一本书已看了全书的（　　　），还剩下全书的55％。

④ 某校五（5）班学生近视率是（　　　）。

⑤ 在某场演唱会门票预订过程中，人们的热情非常高，预定票数远远超过计划售出票数，预定率高达（　　　）。

（4）走进生活：我需要带伞吗？

天气预报显示明天的降水概率是80％。降水概率是什么意思？明天需要带伞吗？

讨论：降水概率指的是这个城市下雨的可能性是80％。

拓展延伸：学校计划下周选一天举行广播体操，如果由你决定的话，准备选哪一天？说说你的想法。

（课件出示一周天气预报降雨概率）

星　期	周日	周一	周二	周三	周四	周五	周六
降雨概率	0％	0％	20％	0％	50％	80％	90％

师：数据就是为人们服务的，百分数有助于人们做出合理的判断和预测。

【设计意图】教学中要充分利用生活资源，把百分数与生活紧密联系起来，帮助学生更好地体会百分数的统计意义和应用价值，了解利用百分数可以认识现实世界中的随机现象，做出判断和决策。学生在学习过程中积累解决实际问题的经验，逐步形成数据意识，发展应用意识。

四、全课总结，深化认知

师：通过这节课的学习，你们有哪些收获？关于百分数还有什么疑问？

师：最后老师想告诉大家，知不足者方能进步，愿大家百分之百相信自己，并付出百分之百的努力，相信你们百分之百会取得成功。

课例2："复式折线统计图"教学实录

教学内容

苏教版小学数学五年级下册第二单元，教材第 23、24 页及第 25 页练习四第 2 题。

内容解析

从知识体系上来看，本节课内容是属于"统计与概率"领域的知识，是复式条形统计图、单式折线统计图的拓展延伸。其核心内容是在一幅统计图上用两条（多条）不同的折线同时表示两组（多组）相关数据，并根据折线的位置关系、形态和走势进行分析、比较、判断和做出简单的预测。

从素养体系上来看，在大数据时代背景下，统计领域知识的学习承载着发展学生核心素养的重要任务，统计领域知识的教学不再只是知识技能的教学，而是对统计功能的感悟和应用。教材编排注重从实际问题导入，引出收集数据的需求，凸显复式折线统计图的价值，并在借助数据解决问题的统计过程中突出了复式折线统计图的应用功能，为提高学生数据分析能力、发展统计意识提供有效载体。

学情分析

在之前的学习过程中，学生已经积累了一定的统计经验，有单式折线统计图的认知基础，对在一个统计图上呈现两组数据（复式条形统计图）以凸显对比的价值并不陌生，并且能进行简单的数据收集、整理和分析，这些都是本节课学习的有利因素。

而从前测结果来看，存在着一些不利因素。一是关于统计的认知，多停留在"统计有统计图、统计表，统计图有横轴和纵轴"这样的简单认识上；二是关于统计学习需求，多是源于知识量的需求，而忽视对已有知识的深层思考；三是关于统计的价值，约 40% 的学生停留在"统计图能帮助整理数据"这样的浅表认识上，另有约 32% 的学生放弃回答。因此，本节课教学应注重把复式折线统计图置于经历统计全程的背景下，立足数据分析，感悟统计价值。

📚 教学目标

（1）经历复式折线统计图的产生过程，能读懂复式折线统计图，体验其在比较、描述数据中的作用。

（2）能根据复式折线统计图对数据进行简单分析和判断，并能做出合理推测，提高数据分析能力，发展数据分析观念和统计意识。

（3）进一步感受统计对分析问题、解决问题的价值，感受数学与生活的联系。

📚 教学重难点

教学重点：根据复式折线统计图进行简单分析和合理预测。

教学难点：感悟复式折线统计图的应用价值，发展统计意识。

📚 教学过程

一、问题驱动，引发统计需求

课前谈话："复式折线统计图"这个课题给了你们什么感受？（唤醒已有统计知识）

伏笔："折线统计图"加了"复式"会变得更加复杂吗？

信息：相关数据显示，2022 年美国 GDP 约 25.74 万亿美元，中国 GDP 约 18.15 万亿美元。

问题：中国的 GDP 会超越美国，成为世界第一吗？

引导：要回答这个问题，还需要了解哪些信息？

（根据学生反馈，提供数据）

【设计意图】 由中美两国 2022 年 GDP 引出"中国的 GDP 会超越美国，成为世界第一吗"这一实际问题，进一步引出 GDP 数据统计的需求，自然搭建真实的学习场域，为学生感知生活和数的联系，体会统计的现实价值创造条件。

二、经历过程，感知统计价值

（一）整理数据，产生复式折线统计图的需求

1. 从统计表到统计图

（课件出示网上数据：2010—2021 年中美两国 GDP 统计表）

2010—2021 年中国 GDP 统计表

年 份	2010	2011	2012	2013	2014	2015	2016	2017	2018	2019	2020	2021
GDP/万亿美元	6.09	7.55	8.53	9.57	10.48	11.06	11.23	12.31	13.89	14.28	14.69	17.73

2010—2021 年美国 GDP 统计表

年 份	2010	2011	2012	2013	2014	2015	2016	2017	2018	2019	2020	2021
GDP/万亿美元	15.05	15.6	16.25	16.84	17.55	18.21	18.7	19.48	20.53	21.38	21.06	23.32

引导：这两个统计表的数据能帮助你们解决刚才的问题吗？有什么好的建议？

（课件出示统计图）

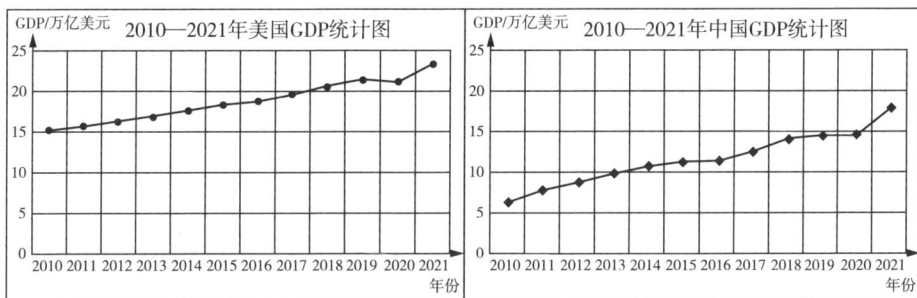

提问：观察统计图，你们有什么发现？（引导学生从单式统计图角度观察）

【设计意图】 教师在读懂教材的基础上，对例题进行了改编，通过展示 2010—2021 年美国 GDP 和中国 GDP 这两个单式折线统计图，为学习复式折

线统计图做好铺垫，为新知同化和顺应搭好了框架。

2. 从单式到复式

引导：用两幅折线统计图表示数据能很好地比较两组数据吗？你们有什么好的建议？

讨论：你们认为的"复式折线统计图"应该是什么样子？你们打算如何绘制？

要求：按照大家的意见，请学习单上完成绘制（补图即可）。

2010—2021年中国、美国GDP统计图

明确：同学们真了不起！结合已有的知识经验和研究的实际需求，逐步完善了对整数的整理，这就是我们这节课主要研究的内容——复式折线统计图。

【设计意图】通过两幅单式折线统计图中数据的比较，让学生产生将两幅图合并、便于比较的需求，并在这个需求基础上先自主探究，再合作交流，有利于学生体会知识发生、发展的真实过程。在此过程中，学生获得了自己的感悟和体验，丰富了学习经历和经验。

（二）分析数据，体会复式折线统计图的特点

观察思考：观察复式折线统计图，你们有什么发现？

引导分析：这些发现说明了什么？试着分析一下。

初步归纳：

（1）美国和中国的 GDP 总体都呈上升趋势；

（2）美国和中国的 GDP 差距在缩小。

引导交流：过去没有超越，现在也没有超越，未来呢？

（三）对比思考，感知复式折线统计图的价值

对比感悟：相比较统计表和单式折线统计图，复式统计图有哪些优势？

明确：具备单式折线统计图的所有功能和价值，且更加直观地呈现两组数据的差距变化。

提问：回顾刚才的学习过程，你们有什么想说的？你们还有什么疑问？

【设计意图】通过在解决问题过程中感受单式折线统计图出现的局限性，引导学生描述、分析复式折线统计图中的相关数据，在此活动中深刻感知和认识复式折线统计图的特征，帮助学生提高从复式折线统计图中获取信息的能力，进一步培养学生的数据意识，发展核心素养。

三、变式思考，发展统计意识

（一）体验角色，做出判断

问题1：下图是售楼处小李 2021 年上半年销售业绩统计图，如果你是主管，你对他的业绩满意吗？怎么想的？

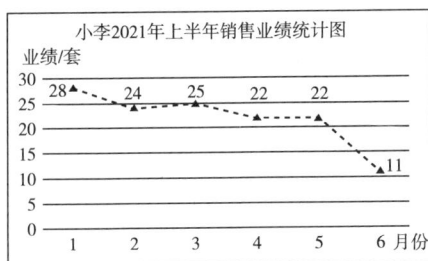

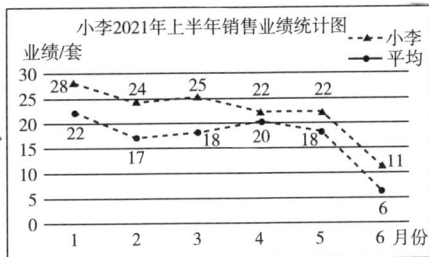

追问：再看小李的业绩，你们有什么想说的？

问题2：下图是小明连续 7 次课内练习得分情况统计图，如果你是老师，你会怎样评价他的学习情况？

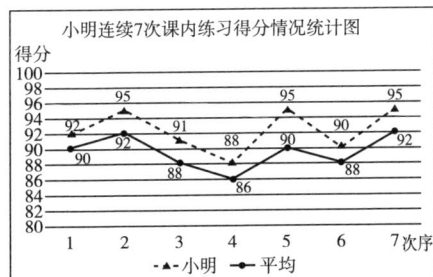

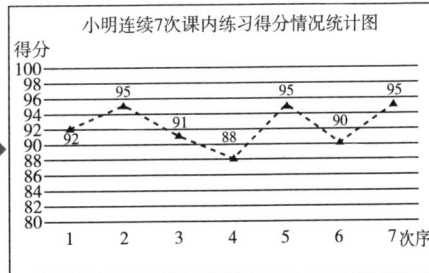

追问：小明的成绩波动很大吗？

明确：复式折线统计图不仅方便我们比较数据，还能辅助我们做出准确的判断。

问题3：王瑶和李欣为竞选女子足球队的点球罚球员，进行了多次点球训练，下图是她们的点球训练成绩统计图。如果你是教练，会做怎样的选择？

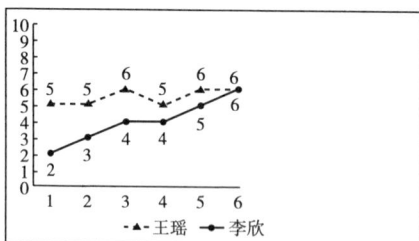

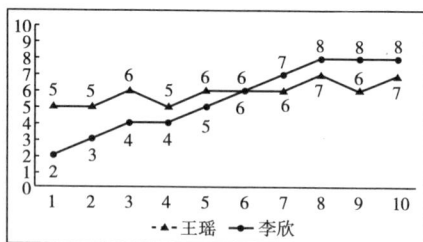

明确：往往有效的数据越多，我们利用数据做出的判断越准确。

（二）发散思考，丰富感知

问题：下面这幅统计图可能表示什么？你怎么想的？

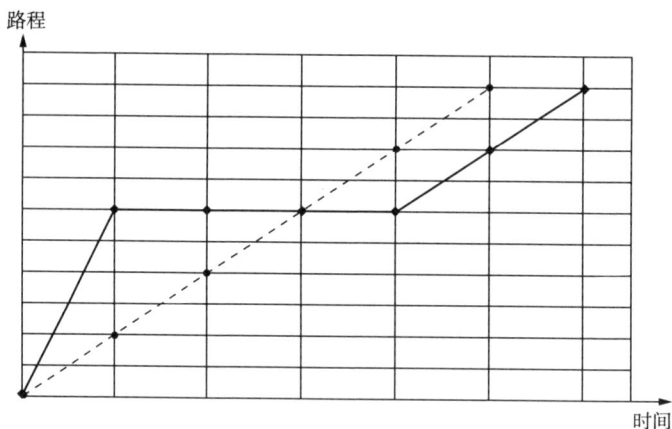

【设计意图】学生从统计图中获取信息的高阶水平就是超越数据本身的读取，通过数据能进行推断，并能回答具体的问题。本环节设计了多组变式练习，引导学生在不同情境下深入思考数据背后蕴藏的信息，再次体会复式折线统计图的特点，感受其应用价值，进一步发展数据意识。

四、回顾反思，梳理知识经验

提问：通过本节课的学习，你们有什么收获？

课件播放：中国 GDP 视频。

【设计意图】本环节包含两个部分，一是通过回顾反思，帮助学生概括了本节课的知识，同时梳理学习中积累的经验和方法；二是播放中国 GDP 增长图，引导学生感悟新时代祖国日新月异的巨大变化，增强学生的自豪感。

课例 3："可能性"教学实录

教学内容

苏教版小学数学四年级上册第六单元，教材第 64、65 页。

教材分析

"统计与概率"是义务教育阶段数学学习的重要领域之一，"随机现象发生的可能性"是小学阶段的学习主题之一。建构主义教学观认为，教学是师生之间的合作性建构，教师是学生建构知识的引导者，教学要在对话中展开。"可能性"的教学可以帮助学生认识随机现象中的可能性，是后续学习概率知识的基础。通过熟悉又喜欢的摸球和摸扑克牌活动，学生能够直观地看到随机现象中存在着可能、一定、不可能这几种结果，感受随机现象结果发生的可能性是有大小的，能对一些简单的随机现象发生的可能性大小做出定性描述，并能进行交流。

学情分析

在问卷调查中，用"可能""一定"等副词描述事件，95％以上学生都准确地作出了回答。"可能性"是什么？学生的回答有"就是一个看不见的盒子，里面的东西不一样，摸出来的东西都有可能""就是没有一定""就是概率很高或很小""比如 5 根红色绳子和 1 根蓝色绳子，红绳子比蓝绳子多，红绳子可能性大"。这说明对可能性的概念认知与大小判断，学生已经有了一些经验积累。我们教学随机现象的可能性时，需要充分尊重学生的经验基础，要基于有关可能性的生活经验，突出感知随机现象的随机性，帮助学生在直觉判断与试验活动中通过数据情况来感受可能性的大小，感受随机性的意义。

教学目标

（1）初步体验有些事情的发生是确定的，有些是不确定的，并能用"一定""可能"和"不可能"等词语来描述随机事件发生的可能性。

（2）结合已有的经验对事情发生的可能性进行判断，并简单地说明理由。

（3）在判断可能性时，让学生经历"猜想→实践→验证"的过程，发展学生的逻辑思维能力，培养合作交流的意识。

教学重难点

教学重点：会用"可能""不可能""一定"描述事件发生的可能性。能够列出简单试验中所有可能发生的结果，知道可能性是有大小的。

教学难点：能根据可能性的大小判断物体数量的多少。

教学过程

一、借助摸球活动，认识随机现象

师：这节课老师为每个小组的同学准备了一个黑袋子和一些黄色、红色的球，请大家先猜一猜如果从黑袋子里摸出一个球，可能会是什么颜色。（学生在小组内体验摸球，观察可能出现的结果）

师：在刚才的摸球活动中，你们得到了哪些结果？

生1：我们组的黑袋子里装着红球和黄球，红球有3个，黄球有4个，我猜可能会摸出红球或者黄球，摸的时候我们发现，摸出黄球的可能性比摸出红球的可能性要大。（板书：可能）

生2：我们组的黑袋子里装的都是红球，那摸出来的一定是红球了，不可能摸出其他颜色的球。（板书：一定，不可能）

生3：我们组的黑袋子里装的都是黄球，那摸出来就一定是黄球了。

师：刚才在大家的交流中，我们得到了"可能""一定""不可能"这几个描述摸球结果的词语。其实我们每个组拿到的黑袋子里面装的球不一样，就会出现不同的结果。这节课我们就来研究可能性。

【设计意图】数学课堂中好的教学活动不仅能解放教师满堂课的讲解，留出时间让教师观察学生的学习，也能让学生在小组活动中发现数学中可能性的知识，并自发产生出几种描述不同可能性大小的词语，把学生平时的生活经验提升为数学经验。同时，教师巧妙地通过黑袋子里装球情况的不同：有的是红球和黄球，有的只有红球，有的只有黄球，引导学生在摸球活动中不知不觉就发现了蕴藏其中的"可能"。

二、借助放球活动，体会可能性大小

师：仔细阅读学习单，请每个小组使用刚才的黑袋子、红球和黄球，根据学习单上的要求往黑袋子里放球，想一想我们要在黑袋子里放哪些球。

师：我们一起来看第一题，黑袋子里放 6 个球，要能摸出红球，可以怎么放？

生 1：我在黑袋子里放了 1 个红球和 5 个黄球，就可能摸到红球了。

生 2：我在黑袋子里放了 2 个红球和 4 个黄球，也可能摸出红球。

生 3：我在黑袋子里放了 3 个红球和 3 个黄球，也可能摸出红球。

生 4：我在黑袋子里放了 4 个红球和 2 个黄球，也可能摸出红球。

……

师：那老师就觉得奇怪了，每个黑袋子里的红球个数不相同，难道都能摸到红球吗？

生 1：只要黑袋子里有红球，不管有几个，都可能摸到红球。

【设计意图】对比第一个环节让学生自由摸球，探寻结果，这个环节的教学是反向操作，给学生摸球的结果，让他们来设计黑袋子里可能会放哪些球。学生在不断放球的过程中，通过放球活动揭示可能性的数学本质：只要袋子里有红球，无论有几个，都可能摸到红球；如果红球个数越多，摸到红球的可能性就越大。当学生初步了解了可能性的不同表达方式后，教师设计了反向操作活动，随着探究活动的深入，学生对可能性的理解也随之更加深入，不仅知道了可能性的结果，还会比较可能性的大小。

三、借助换球活动，感悟随机变化

师：如果在黑袋子里放了 3 个黄球和 3 个红球，让你从黑袋子里摸出一个球，你们觉得会有哪些可能？

生 1：可能摸出黄球，也可能摸出红球。

师：现在老师把黑袋子中的 1 个红球换成了黄球，这就变成了 4 个黄球和 2 个红球，如果从黑袋子里摸出一个球，与上一次摸球有什么不同？

生2：这次的黄球比上次多，所以这次摸出黄球的可能性变大了；红球变少了，所以这次摸出红球的可能性变小了。

师：老师继续把黑袋子里的1个红球换成黄球，现在就变成了5个黄球和1个红球，如果从黑袋子里摸出一个球，与上一次摸球有什么不同？

生3：摸出黄球的可能性更大了，摸出红球的可能性更小了。

师：现在老师把黑袋子里唯一的红球也换成黄球，现在就变成了6个黄球了，与上一次摸球有什么不同？

生4：这次一定摸出黄球，不可能摸出红球了。

【设计意图】本环节，红球和黄球的个数始终处在动态变化中，通过逐渐把红球换成黄球，让学生想象出摸出黄球的可能性在增加，摸出红球的可能性在减少。在总量不变的动态变化中勾勒出不同的可能性间的关联，从而让学生感受到有些事物的可能性是随着事物的变化而变化的，为今后学习用分数表示可能性大小奠定基础。

四、借助抛硬币活动，发现等可能现象

师：除了摸球活动中藏着可能性，抛硬币活动中也藏着可能性。请你们想一想抛一枚硬币有哪几种朝上的结果。

生1：正面朝上和反面朝上。

师：抛20次硬币，请记录一下正面朝上和反面朝上的次数。同桌两人一组，开始行动吧！

师：谁来说说你们刚才抛币正面朝上和反面朝上的次数？

生1：我们组抛币正面朝上15次，反面朝上5次。

生2：我们组抛币正面朝上9次，反面朝上11次。

……

师：如果我们抛硬币的次数足够多，就会发生一个神奇的现象。我们一起来看看教材第66页中"你知道吗"，仔细阅读，你们发现了什么？

生1：我发现正面朝上和反面朝上的次数非常接近。像正面朝上2048次，反面朝上2044次；正面朝上2048次，反面朝上1992次；正面朝上4979次，反面朝上5021次；正面朝上12012次，反面朝上11988次；正面朝上39699次，反面朝上40941次。正面朝上和反面朝上的次数差不多的。

【设计意图】教师非常注重学生的亲身体验性学习，先让学生亲自参与了

抛硬币的数学活动，在动手操作和动脑思考中对抛硬币可能出现的两种结果有了直观的感受；再出示"你知道吗"中的试验数据，得出正面朝上次数和反面朝上次数基本相等，从而揭示等可能性事件的数学本质，拓宽了学生对可能性大小的知识的理解，建立了可能性和数据之间的联系，发展了学生的数据意识。

五、借助总结回顾，延伸生活实际

师：愉快的时光总是非常短暂，回顾今天的学习过程，关于可能性，你们都有哪些新的认识？

师：今天我们在游戏中研究了事件发生的可能性，在生活中，我们有很多事情可以用"可能""一定""不可能"来描述。其实，"一定""不可能"也是一种可能性，如何精准描述和表达可能性的大小呢？今后我们将进一步学习。

第 7 章　综合与实践

7.1　整体解读

综合与实践学习活动是指在教师的指导下，由学生自主进行的综合性学习活动。综合与实践学习活动不论是数学学科组织的教学活动，还是其他学科组织的教学活动，都应基于实际生活情境所产生的问题。在解决问题的过程中，部分活动或主题指向教师的教学目标，但整体看，更多是指向跨学科主题学习内容，打通各学科之间的壁垒，将各个学科紧密联系起来，引导学生在自主参与、实践探究、合作交流的过程中发展解决实际问题过程中所需要的知识、思想、方法、技能等综合性能力。

综合与实践学习活动在小学数学中更多的表现为主题活动。在设置主题活动时，首先，教师应关注问题情境是否真实，是否能激发学生的探究热情。其次，教师需要关注解决实际问题是否能与其他学科紧密联系，实现跨学科学习的教学目标。再次，教师需要关注学生参与的积极性；活动内容是否能调动学生积极主动参与进来，并亲历活动的全过程；学生们是否真正做到自主发现问题、提出问题、分析问题并最终在合作交流、实践探究中解决问题。

主题活动分为两类：第一类，融入数学知识学习的主题活动。在这类活动中，学生将学习和理解数学知识，感悟知识的意义，主要涉及量、方向与位置、负数等知识的学习。第二类，运用数学知识及其他学科知识的主题活动。在这类活动中，学生将综合运用数学知识解决问题，体会数学知识的价值以及与其他学科的关联。

7.2 课标解读

"综合与实践"是 2022 年版课程标准中规定的数学课程的四大领域之一。2022 年版课程标准将综合与实践放在了更重要的位置,它是实现综合性思维,落实素质教育的基本路径之一。在小学阶段,综合与实践课程主要采用主题活动,第三学段可采用可项目式学习。2022 年版课程标准提供了 13 个主题活动和 2 个项目式学习活动。在主题活动中,学生置身于真实情境,将从数学的角度发现问题、提出问题,并用综合性的知识去分析和解决问题。主题活动对学生的观察、判断、理解、思考、表达和反思等方面提出了更高的要求,活动过程直指推理意识、应用意识和创新意识等核心素养。学生也能在解决问题的过程中,体验成功的乐趣,感受数学的价值。

7.3 课例研究——"平均数的再认识" 项目式教学设计

一、初步了解项目式教学

项目式教学设计源于 1918 年威廉·克伯屈提出的设计教学法。当时提出这个观点是为工业生产服务的。后期随着教育的转变,赋予了它新的意义。

目前项目式教学设计尚无公认的定义,不少专家、学者自己的研究视角对项目式教学进行解释。有些专家是从其四要素即内容、情境、活动和结果来解释;有些从其核心任务"从真实问题出发的一系列情境活动"来说明;有些从课堂教学或师生维度来阐述;还有些提出要关注学生的自主性、探索式的学习方法和实践性的活动内容。但不论何种解释,一般都认为项目式教学会按照确定项目、分组分工、细化设计、协作探究、汇报演示、总结评价这样的流程来进行。

二、确定具体环节

(一)确定教学目标

项目式教学的起点是确定教学目标。

1. 教材分析

本课是北师大版数学五年级下册第八单元"数据的表示和分析"中的内容。

从知识形成的角度看，本课是"统计与概率"领域的重要学习内容。统计，就是理解数据蕴含信息的过程。在学习本课之前，学生已经初步学习收集与整理数据的相关知识，了解单式统计图、统计表和平均数，能计算并解决简单的实际问题。在认识复式统计图、统计表后，面对更加复杂的数据信息，教材设置本课帮助学生深化对平均数的认识，即深化数据的认识，进而解决较复杂的实际问题，并为初中学习其他统计量做好铺垫。平均数的教学，教材通过先了解概念、形成算法，再深入数据，体会价值的两次课程设置凸显其统计意义：数据的价值。

从素养培养的角度看，统计知识的教学，需要聚焦数据背后的意义，关注数据分析的培养。2022年版课程标准明确指出小学阶段的"数据意识"和初中阶段的"数据观念"两层素养。本课通过问题情境帮助学生感受平均数可以用来描述一组数据的集中趋势，提升平均数代表性的感悟；认识平均数灵敏性的特征，进一步理解平均数蕴含的信息。这不仅培养了学生的数据意识，还帮助学生清晰地了解数据意义、发展数据观念打好基础。

本课的知识路径与素养路径如图7-1所示。

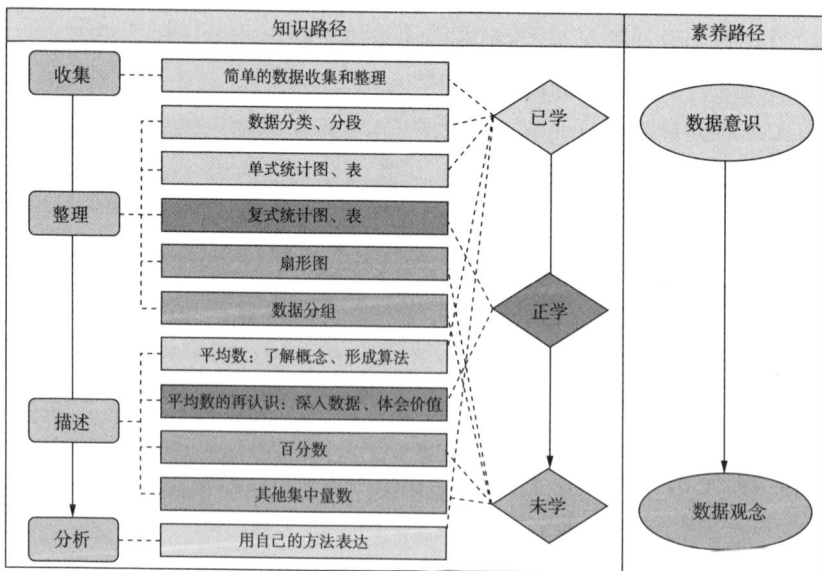

图 7-1 本课的知识路径与素养路径

2. 学情分析

从学生的认知基础看，学生已掌握简单的数据收集、整理方法，认识统计图表，能运用平均数解决简单的实际问题，并能用自己的语言对数据进行简单的分析。这些是本课的学习起点。

从学生的认知规律看，五年级的学生处于从具体运算阶段到形式运算阶段的过渡期，具有一定的抽象思维能力，这是学习本课的思维基础。但目前学生尚不能从统计视角审视所学知识，也不能通过自主探索发现平均数蕴藏的信息，更难以理解集中趋势和灵敏性等抽象特征。因此，本课要立足统计过程，通过教师的引导，学生在活动过程中感悟平均数的意义，体会数据的价值，发展数据观念。

3. 教学目标

（1）通过探究活动，进一步认识平均数，体会平均数的意义。

（2）在运用平均数的知识解释简单生活现象、解决简单实际问题的过程中，进一步积累分析和处理数据的方法，培养数据意识。

（3）感受数学与日常生活的紧密联系。

（二）确定学习项目

本课教材是使用免票线作为例题引入的，我们计划继续使用该情境，并进行细化，更贴近学生的生活实际。

2005 年公布的《合肥市公共汽车乘车规则》中规定：乘客可以免费携带一名身高 1.2 m 以下的儿童乘车，超过一名的按超过人数购票。身高 1.2 m（含 1.3 m）以上的儿童购全票。

2014 年修订的《合肥市公共汽车乘车规则》规定：乘客可以免费携带一名身高 1.3 m 以下的儿童乘车，超过一名的按超过人数购票。身高 1.3 m（含 1.2 m）以上的儿童购全票。

基于以上生活实际，我们提出了核心问题：免票线为什么"长高"了？学生基于该问题进行实践探索，在探索中发现更多平均数的意义和价值。

（三）确定项目实施环节

有了教学目标，也有了具体的学习项目，我们制定了课内课外相结合的实施环节。项目实施环节如图 7-2 所示。

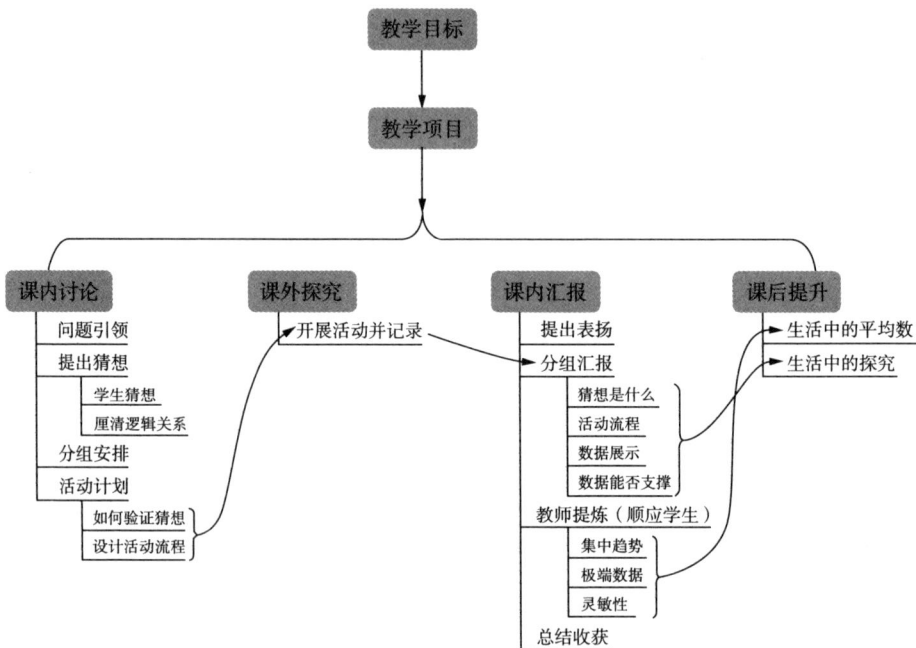

图 7-2　项目实施环节

可以看到，我们的项目实施先进行课内讨论，在厘清基本逻辑思路的前提下，确定具体实施流程。再在课外开展活动探究，并做好探究记录。课外探究活动结束后，再次回到课内，按活动分组进行汇报。教师顺应学生的活动情况进行知识内容的提炼。课后进行课外交流探讨。

三、课内讨论

（一）问题引领

出示情境及问题：免票线为什么"长高"了？

（二）提出猜想

学生根据问题提出自己的猜想，一般集中在以下两个方面。

（1）生活条件好了，身高都长高了，所以免票线也"长高"了。

（2）平均身高提高了，所以免票线也"长高"了。

也有学生说出："鼓励更多孩子乘坐公交车，绿色出行，减少碳排放"等有意思的想法，值得表扬和鼓励探索。

在和学生谈话的过程中，学生的回答看似合理，实则有一定的逻辑漏洞。第一，这是学生的一般感受，感受不能作为证据来解释免票线为什么长高。第二，"平均身高提高了，所以免票线'长高'"这是很合理的推断，但是学生怎么知道平均身高提高了呢？平均身高的数据来源没有说清。由此我们可以确定一条基本逻辑线（见图7-3）：学生通过观察感受到现在孩子的身高变高了，再去收集数据验证，因而得到结论。

梳理这样的逻辑关系，其实是在帮助学生感受我们探究生活中的现象时，需要用数据做支撑来解决实际问题。

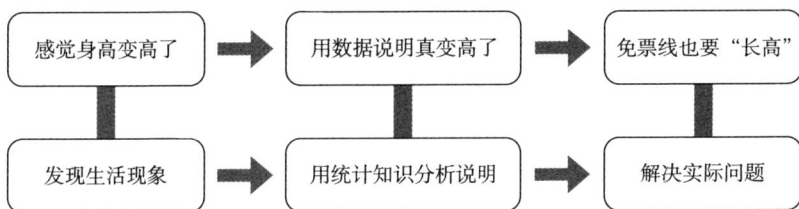

图 7-3　基本逻辑线

（三）分组安排

教师安排和学生自愿相结合的方式，分为5个小组。

组内设置组长、活动记录员、数据记录员、数据收集员（数人）、数据录入员。

教师提供数据记录表（纸质）、活动记录表（纸质），根据猜想教师提供平均数工具、最多数工具（众数）、最大数工具。相关数据信息如图7-4所示。

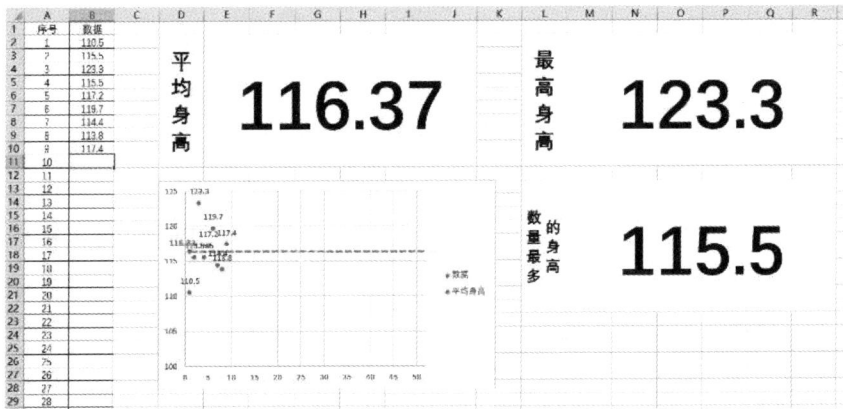

图 7-4　相关数据信息

（四）活动计划

1. 组内讨论如何验证猜想

通过收集的资料，学生能预想的验证方法主要为以下几个方面：

（1）查阅资料；

（2）统计测量；

（3）听大人说、观察生活。

2. 根据猜想内容设计活动流程

具体到规划活动流程的环节，教师要深入每个小组中，和他们一起制订详细的活动计划。

针对查阅资料的学生，首先需要明确查阅哪些资料，如具体年份和具体地域范围的平均身高、免票线制定过程和标准、免票线实施前的调查信息等。其次需要明确查阅的这些资料是否能证明当前 6 岁儿童的身高比过去的身高更高。最后需要明确每个组员的分工，避免重复查阅相同的资料，浪费资源。

针对进行统计测量的学生，首先要明确如何获取 6 岁儿童的身高，是由老师和各个学校沟通获取新生入学时体检的身高数据，还是由学生自行与周边幼儿园和小学联系，现场测量获取身高数据。其次要规范数据记录和录入的方式，并提醒学生将数据录入统计工具时要仔细观察，在避免出错的同时，感受录入数据时数据的变化特点。最后需要明确每个组员的分工，并要协调好不同组之间获取数据的路径，避免发生"撞车"。

在讨论中，教师需要仔细倾听、细心引导，顺应学生讨论的思路，帮助学生厘清符合逻辑关系的活动思路。本环节是学生和学生、学生和教师思维碰撞的重要环节，是学生数据意识培养的重要阶段。

四、课外探究

开展课外活动探究，并做好探究记录。教师深入每个小组，协助获取信息，确保学生安全。

五、课内汇报

（一）表扬课前参与

因为课内汇报无法让每个同学都参与，用表扬和鼓励的方式能让学生更有参与感，提升对项目式学习的积极感受。

（二）分组汇报

分组汇报的内容就是前面规划活动的内容。学生深度参与活动，并在教室用自己的语言展示活动思路和流程，将极大提高学生的参与度，深化学生学习数学的主观体验，即发展学生从生活实际中发现和提出问题，分析并解决问题的能力。

学生展示需说清的问题如下：

（1）猜想是什么；

（2）活动流程：说清收集数据的目的、收集数据的过程、记录数据的过程；

（3）数据资料展示；

（4）数据是否能验证猜想，即为什么免票线会"长高"。

（三）教师提炼（顺应学生）

过渡：同学们，其实在你们的操作过程中，也有很多很有意思的事情，我们一起来看看。

用这句过渡语切入，顺应学生的思路进行提炼。

1. 集中趋势

同时呈现所有组的统计图，甚至可以将 5 组数据合并展示，让同学们整体感受表示身高数据的点和表示平均身高的线的关系。

学生易直观发现大多数据都集中在平均数附近。这里的集中、靠拢、密集等词有相同含义，都表示统计上的集中趋势。越接近平均数数据越多、越远离平均数数据越少。通过语言、手势等方式让学生感受这样的数据分布，可以看作数据在向平均数集中。

因为数据都在向平均数集中，所以平均数才能代表一组数据的整体水平，它才具有统计价值。

2. 灵敏性

在活动实施过程中，已经强调将数据录入统计工具时的注意事项，即关注数据的特点，这里的特点即指数据的变化情况。

学生说出自己观察到的特点。

老师适时提问：要想知道他说得对不对，我们可以？

学生：验证。

现场通过统计工具进行一组数据的录入，帮助学生清晰地感受数据变化的规律。录入的数据大于之前的平均数，平均数就会变大；录入的数据小于之前的平均数，平均数就会变小；录入的数据和之前的平均数一样大，平均数就不变。

可见，数据上有一点"风吹草动"，平均数都会变化。每一个数据都参与了平均数的计算，平均数是随着数据的变化而变化的，这是平均数的灵敏性。

3. 极端数据的影响

教师课前需仔细观察学生收集的数据，若有极端数据，可安排本环节；若无极端数据，也不强求。重在学生感受数据的意义和价值。

当遇到极端数据时，可以将极端数据前置，让学生观察统计工具的变化。

比如出现很大的极端数据时，询问学生平均身高如何变化。

生：平均身高变得很高。

追问：此时的平均身高能不能代表大多6岁儿童的身高？

生：不能。

追问：你们有什么好办法？

学生讨论发现，平均数易受极端数据影响，可以通过剔除极端数据的方法避免影响。还有同学发现，录入更多的数据，根据移多补少的原理，极端数据的影响就没有那么大了。可以现场演示，继续录入数据，平均身高被一点点拉低，并逐渐接近原来的平均身高。

（四）回归生活、总结收获

师：如果让你们制定2023年的免票线，你们会怎么制定呢？

生1：每年测平均身高。

生2：取消免票线，按年龄免票。

生3：按照家庭条件来制定免票线。

生4：国家条件好了，提高免票年龄。

小结：大家的想法都有道理，不论哪种方法都有它的价值。

谈话：通过本节课的学习，你们有哪些收获呢？

这里用制定免票线的提问，拓展学生的思路，让学生明白，平均数的价值很高，但解决问题的方式更多。最后，通过谈收获，审视本课教学成果是否符合教学目标。

六、课后提升

用项目式学习解决免票线的问题，从知识层面看，是深入学习平均数的相关知识；从素养层面看，不仅提升了学生的数据意识，更帮助学生深刻体会探究学习的一般过程。课后与学生的交流中，就可以引导学生往这两个方向进行讨论。

（1）生活中还有哪些需要用到平均数的地方，说一说平均数的优点和弊端。

（2）生活中还有哪些现象我们也可以这样去研究，收集并计划下一次探究。

参 考 文 献

[1] 中华人民共和国教育部. 义务教育数学课程标准：2022 年版. 北京：北京师范大学出版社，2022.

[2] 俞正强，郭华. 种子课 3.0：对话深度学习. 北京：教育科学出版社，2022.

[3] 张顺清."教、学、评一致性"与"教、学、评一体化"的起源和含义 [J]. 中学化学教学参考，2019 (13)：4－5.

[4] 张晓拔. 关于数学史与数学教育整合的思考 [J]. 数学教育学报，2009，18 (6)：85－87.

[5] 章勤琼，黄金荣，南欲晓. 为数学理解而教——基于学习路径分析的小学数学教学课例研究 [J]. 课程·教材·教法，2019，39 (11)：116－122.

[6] 章勤琼，陈锡成. 基于学习路径分析的小学数学单元整体教学思考框架 [J]. 小学教学（数学版），2021，3：13－16.

[7] 张丹，于国文."观念统领"的单元教学：促进学生的理解与迁移 [J]. 课程·教材·教法，2020，40 (5)：112－118.

[8] 熊张晓. 跨学科理念下小学数学"综合与实践"领域主题式教学设计研究 [D]. 重庆：西南大学，2022.